教坛雨露

乔 伟◎著

安徽师范大学出版社

· 芜湖 ·

责任编辑：彭　敏
装帧设计：任　彤

图书在版编目（CIP）数据

教坛雨露 / 乔伟著.—芜湖：安徽师范大学出版社，2017.8
　ISBN 978-7-5676-3024-6

Ⅰ.①教… Ⅱ.①乔… Ⅲ.①中小学教育—教学研究 Ⅳ.①G63

中国版本图书馆CIP数据核字（2017）第161570号

教坛雨露
JIAOTAN YULU
乔伟 著

出版发行：安徽师范大学出版社
　　　　　芜湖市九华南路189号安徽师范大学花津校区　　邮政编码：241002
网　　　址：http://www.ahnupress.com/
发 行 部：0553-3883578　5910327　5910310（传真）　E-mail：asdcbsfxb@126.com
印　　刷：虎彩印艺股份有限公司
版　　次：2017年8月第1版
印　　次：2017年8月第1次印刷
开　　本：700 mm×1000 mm　　1 / 16
印　　张：11.25
字　　数：167千字
书　　号：ISBN 978-7-5676-3024-6
定　　价：33.00元

序　言

　　乔伟同志的作品，字里行间充满着对教育的热爱与执着，热爱着他的学生，热爱着对教育教学科研规律的执着探寻。纵观他的个人成长历程，从求学滁州师范专科学校中文系到安徽师范大学汉语言文学专业本科毕业，从普通的教师到阜南县首批名师、首批专业技术拔尖人才、阜南好人、市级优秀德育工作者、阜阳市学科带头人、阜阳市现代教育技术咨询专家、安徽省首批教育评估专家……一路走来，备尝艰辛，不断演绎着一个个探索创新的故事。他将无尽的情感投入到教育教学和教育科研探索中，投入到文学创作和教育理论提升中，他那种默默无闻地进行教育教学、教研探索和倾情阜南教育的无私奉献精神，逐步形成了带有鲜明个人色彩符号的文学语言，是可触摸谛听的一线教育者心灵的声音。

　　乔伟同志的作品，语言朴实而视野开阔，从课堂教学到教育科研，从学生素质发展到教师专业成长，从学校文化建设到社会热点关注等的综合内涵的熔铸，以个人独到的敏锐见地和开阔发散的蓬勃思维，表现着对教育的关注、热爱。深厚的文学功底和多年教学教研经验的积淀，使其作品无论是具体感受还是理论提炼，都显示出了扎实的基本功，这是严格要求自我与不懈追求的结果。无论是再现的还是表现的题材中，都反映着与时俱进的思考与不懈的学术探索精神，也流露出才华与博学，敏悟与深邃。这里我们不仅品悟到较为深刻的思想灵光，还有为教育而教育的智慧和倾情奉献。在具体教育教学、教研语境和生活情境中，彰显自我独特的教育见地，其作品无论是对学生还是家长、对课堂教学还是教育科研规划无不起到启迪和借鉴作用。

当今部分教师由于受到商品经济时代的影响，浮躁的喧嚣侵占了他们的视野，影响着他们的人生观、价值观，物对人的挤压使人变得异化焦灼，疏离相轻。在人的现实与精神空间里，我们看到的是精神世界一点点地消靡，精神世界的宁静成为一种奢望，在教育教学和教育科研中"捕捉"不时迸发出的灵感，并沉淀成可读性较好、有理论高度的专著，实在是我们在这浮华世界灵魂的"休憩地"，它让我们的灵魂更加鲜活，更加具有成就感、幸福感。

从事教育二十年，执着于教育教学和教育科研并不断提炼，坚持走来，真乃是一条艰难曲折的进步之路。将作品集结成十几万字的专著，仅仅是一个开始，点点滴滴的努力将滋润着未来光辉的漫漫长路，因为有坚定的信念，所以耐得住寂寞，也不至于在赞美与追捧中迷失了方向，不以物喜，不以己悲，坚持学术，追求艺术教育，甘为绿叶，倾情教育，涤荡去现实的焦躁不安，陶冶出纯净无瑕的审美心胸。

陈州

（作者系阜南县教育局局长，党组书记）

沐浴教坛颊齿香

——读乔伟《教坛雨露》

曾幸与乔伟主任一起喝酒吃饭，他给我的第一印象就是非常内秀干练，沉稳睿智，后读他的专著印证了我的猜测。尽管工作与之交集不多，接触也不是很多，但是乔主任在工作之余撰写的《教坛雨露》竟让我爱不释手，"颊齿留香，久久难忘"。

《教坛雨露》这本教育随笔共分五篇，分别是：关注现实，破解困惑；潜心历练，发展内涵；方法探秘，铸就高效；艺术管理，素养提升；注重文化，成就名校。从这些八字篇名，可以看出乔主任是一位有心人，更能看出他十分热爱教育，热爱学校，热爱学生。全书共28篇精彩随笔，这些文章显示着乔主任有着非常强的语言组织才能。

综观乔伟主任这部教育随笔，给我五点感受：

一是热爱家乡、热爱党的教育。乔伟主任在日常工作中，热爱家乡，热爱教育，热爱学生，善于把握当前教育思想动态和意识形态，针对当前教育发展的特点和存在的问题，提出独到见解。整个专著内容一直坚持以人为本，通过对教育的感悟、对教学的理解，逐步改变人们固有的教育观念，探索适应时代和学生发展需求的德育方式，促进现代学生德、智、体、美、劳的全面发展。从他的文章中，可以看出他还一直迷恋"三尺讲台"；从他文章的论述中，可以看出他始终坚持站在教学一线；从他情浓意切撰写的文章中，可以看出他始终坚信提高自身素质是一名优秀教师的立身之本。说乔主任热爱家乡，可以从《严师出高徒　宽严相济育英才》《浅谈皖北贫困地区农村高中语文教学质量的提升与学校文化建设的密切关系》《浅谈父母外出打工对中学生家庭教育的影响》等文章中看出来。

　　二是热爱教学，潜心教研。作为一名教师，只有不断地刻苦钻研业务，认真研究教材教法，研究新课程标准，注重多方位培养学生的能力和学习习惯，对工作讲求实效，对学生因材施教。身在教育局教研室的乔伟主任，他一定经常翻阅《中学语文教学》《语文教学与研究》《人民教育》《中学语文教学参考》等期刊，不然他绝对写不出那么深的教育随笔。我不知道乔主任以前曾经在哪个学校任教，但是我能真实地嗅到他很注重培优扶差的工作，对于后进生，总是给予特殊的照顾，在课堂上多提问，多巡视，多辅导，对他们的点滴进步给予大力的表扬；课后多找他们谈心、交朋友，树立起他们的自信心和激发他们学习的兴趣，及时对学生给予指导和帮助，做到"春风化雨，润物无声"，使他们健康成长。

　　教研活动是载体，课改教研是先导。为此，他积极从事教研工作，敢于探索，勤于实践。通过《新课程理念下做好偏远农村班主任工作之我见》《浅谈新课改下语文教师如何培养探究能力》《和谐环境是沃土　孜孜以求铸成长》《厚重积淀铸就华美篇章——谈如何写好作文》《如何让兴趣走进高中语文课堂》《艺术管理　铸就班级和谐》等文章，可以看出乔主任的思路新颖灵活。这也就是人们常说的：在其位，务其职，思其政。

　　三是结构严谨，条理清晰。写教育随笔必须有着这方面的才能和素养。比如，《阅读，助推语文教师专业成长的加油站》《学习·教育艺术·成长》《注重联想　点燃学生学好语文智慧之火》《新课标下对构建高中语文高效课堂的几点思考及策略》《教育之琼浆　孩子成长保滋养——科学的管理方式造就学生健康向上的人格》这些文章，都是作者得心应手之作，每篇都凝聚着作者的心血，可以看出作者是一位能工巧匠，能够布局严谨的文章结构，有条不紊地娓娓道来，真是十分了得。

四是语言顺畅，亲切自然。著名作家贾平凹关于语言曾说过："我觉得语言首先与身体有关。为什么呢？一个人的呼吸如何，你的语言就如何。你是怎么呼吸的，你就会说怎样的话。不要强行改变自己的正常呼吸而随意改变句子的长短。你如果是个气管炎，你说话肯定句子短。你要是去强迫自己改变呼吸节奏，看到一些外国小说里有什么短句子，几个字一句几个字一句的，你就去模仿，不仅把自己写成了气管炎，把别人也读成了气管炎。因为外国人写的东西，他要表现那个时间、那个时段、那个故事情境里出现的那些东西，如果你不了解那些内容而把语言做随意改变，我觉得其实对身体不好。"乔伟主任就是这样，他能够收放自如，十分严谨地表达自己的观点。比如，《采得百花酿甜蜜》《优化家教　净化学生心灵》《有备而管　成就班级辉煌》等文章，都是非常值得学习的。

五是论题新颖，紧扣时代。创新是文章的灵魂，教育文论的好坏就取决于此。我们评价一篇文章有没有价值，就看这篇文章有没有新意。"文贵出新"，这是最根本的要求：那么，什么是"新"呢？主要表现为新的思想、新的见解、新的视角。一是观念要新。就是说，文章写作的指导思想要正确，要符合新的教育思想和教育观念。比如，《浅谈皖北贫困地区农村高中语文教学质量的提升与学校文化建设的密切关系》这篇教育论文中的三个观点：（1）对皖北贫困地区学校文化内涵的认识；（2）高中语文教学质量与校园文化的关系；（3）在皖北贫困地区普通高中语文课中渗透校园文化的尝试性实践研究的必要性。这些观点能够跟上形式，跟上社会，跟上时代，非常新颖。"一树梅花万首诗""横看成岭侧成峰，远近高低各不同"，讲的就是观察事物的新视角。我们在选题时必须坚持："老问题要有新角度，常规的东西要有特色。"比如，《浅谈父母外出打工对中学生家庭教育的影响》《浅谈家长素质及教育方式对学生心理健康的影响》两篇文章就很让人欣赏，这样的教育文论，在乔主任的这本专著中还有很多，大部分选题角度都比较独特。

读乔主任的《教坛雨露》，这些文章与他长期坚持教研与教学相结合是密不可分的，从他的一篇篇文章中我能看出他是一位合格的优秀教师。写这些感悟的时候，第32个教师节即将来临，我的脑海里想起一副对联："三尺讲台，三寸舌，三寸笔，三千桃李；十年树木，十载风，十载雨，十万栋梁。"这就是乔主任的真实写照。如今，乔主任这颗熊熊火种，正用他的文字点燃了读者的心灵之火；这个高高的灯塔，正为读者指明方向；这块坚实的石级，正承受着读者一步步踏实的登攀！

王瑞庆

（作者系中国闪小说协会安徽分会理事，中华诗词学会会员，当代微篇小说作家协会会员，安徽省作家协会会员。）

目 录
Contents

第一篇　关注现实　破解困惑

第二篇　潜心历练　发展内涵

第三篇　方法探秘　铸就高效

第四篇　艺术管理　素养提升

第五篇　注重文化　成就名校

目　录

第一篇　关注现实　破解困惑

严师出高徒　宽严相济育英才

在教育日益被重视的今天，教师如何教育培养好学生，把学生培育成德、智、体、美、劳全面发展的合格建设者和接班人，这无疑是一个非常重要的课题。多年的从教生涯，让我对"教不严，师之惰""严师出高徒"的古训十分信服。试想，若没有孟母的严格教育，是否有孟子在中国乃至世界的"亚圣"美誉；若没有吕不韦的严格要求，是否会成就秦始皇的雄才大略，使他成为中国历史上第一个统一六国的皇帝；若没有寿镜吾手中的戒尺，是否会有"文坛泰斗"鲁迅的横空出世……学生心目中的好老师，就是用他的"严格"，塑造出"高徒"，使他们健康而又快速成长……

然而，"严"不一定出高徒，"严"有时也无补于事。今人说，"好学生是表扬出来的"。但是，有时"表扬"的作用微乎其微，甚至适得其反。因此，只有宽严相济，讲究方法策略，做到恩威并用，才能真正与孩子打成一片，才能让他们亲其师、信其道，真正有所收获，有所建树。那么应该如何做到宽严相济呢？那就是要严得合理，严得适当，不迁就学生，不放任学生，爱他们但不溺爱。

首先，要严而有理有爱。在我们所教授的学生中，有的学生粗野无礼，不尊重教师，不听劝告，惹是生非。对这样的学生，教师常常是恨铁不成钢。有的教师能耐住性子，稳住情绪，用智慧和道理说服学生。而有的教师有时火气一下子上来就会体罚学生。这种情况和行为表面上看是为了严格要求学生，实际上却有害于学生的身心健康。为人师表的我们要杜绝这种做法，否则便是违背教师道德的。爱因斯坦曾指出："如果学校把自己的工作建立在恐吓和人为制造的权威上，那是最糟糕不过的了，这样的反常制度会扼杀学生的健康情感和直率性格，挫伤学生的自信心。"对学生的真爱要体现为既对学生有种种严格的要求，又不损害学生的生理心理，让学生心服口服，心甘情愿地接受。高二上学期，我班来了一位新同学。这位同学个性很强，上语文课总是炫耀自己，借机捣乱。一开始我采用疏导的办法，可效果不佳。终于有一次，我大发雷霆，可他并没有害怕，而是采取对抗的方式，双方僵持了一段时日。后来我通过主动找他谈话，动之以情，晓之以理，了解问题，对症下药。在老师和同学的热心帮助下，他开始幡然醒悟，意识到自己的错误，并用实际行动来证明自己。不光上课遵守纪律了，语文成绩也显著提升了。

其次，要严而有度有方。我们要坚信孔子的因材施教，对学生提出的各种要求应符合他们的身份、年龄和特点。如果离实际情况太远，要求过高，学生无法达到，这种严格也就毫无意义。严格要求必须防止"一刀切"，务必把握度，也即严而不"厉"过。对于听话的学生和懂事的学生，我们不需要怎么严厉，只要我们平时给予他们恰当的学习方法指导，教他们做人的道理，作业安排的科学适度并且达到教学要求，我们的教学就有艺术了。他们喜欢上我们的课了，敬佩我们为师的人品了，我想，这类学生就能按照要求保质保量地完成教学要求，就容易成才成人。而对另一类较顽皮的学生，尤其是班级里的待优生，是需要我们严格要求的。我们要更有耐心，更细心，用爱来浇灌他们。只有当这类学生把老师当作朋友和亲人时，他们的心灵才能得到慰藉；只有当他们找到受伤心灵的停泊港湾，才能安心学习，才能听老师的话。这些待优生往往受到家庭原因的困扰：要么父母离异或者忙于生意无暇顾及他们，疏忽对他们的关心；要么父母忙于麻将或其他娱乐活动没有时间来引导、关注他们，使得这些学生在生活上掉队了，在学习上落伍了，进一步导致心理上空虚了，思想上滑坡了……这些顽皮的学生以前养成的不良习惯已经根深蒂固，所以更需要我们教师用耐心和方法来矫正他们；那些因为家庭离异或者在家庭中缺失亲情温暖的待优生，更需要我们用爱的阳光雨露来滋润他们。作为老师的我们，在课堂上要关注他们，不能因为他们迟到旷课，上课说小话不听课，学习成绩靠后拉了我们班级学科的后腿就严厉批评、讽刺甚至歧视。如果我们用了简单粗暴方式去"严"，这种严格只会在这类孩子本已受伤的心灵上撒把盐，让孩子更伤心更自卑，甚至导致他们产生"破罐子破摔"的心理。令人担忧的是，他们正处于叛逆期，这种严格会进一步造成他们产生反抗的心理。那么，这种严厉不仅出不了高徒，反而会害了这些孩子，同时也害了我们老师自己。如蚌埠市怀远县某中学的老师在上课时，学生在其背后贴了张"我是乌龟，我怕谁"的字条，该老师觉得受到侮辱而"严"惩这名学生，造成师生扭打的局面。结果该老师因体罚学生被开除。江西省抚州市某中学发生一起命案，该校高三学生雷某因不满班主任孙某的严格管理，产生积怨，将其杀害致死……

这些血的教训，都在警示着我们：不仅要严而有度、严而有方，更应把"爱"贯穿始终。多年的教育教学管理经验告诉我们，在教学、教育工作中必须要做到：严中有宽，宽中有乐有爱，乐而不乱；严中有慈，慈中有爱，爱而不宠；审视度量，严得有理有度有方，严中有道。

故此，我们对待待优生可以采取另一种方式的严格，上课不听课，我们就多找找文本中的问题来向他们提问，给他们布置适合他们的作业，课下让他们写反思，批阅作文的时候更加注意他们的"大作"，一旦发现好的字词句段，就在评作文课上重点"发表"，赏析他们的佳作佳句等。久而久之，他们就没有时间上课捣乱或者不好意思不学习了，就会找到自我的存在感、成就感，他们就会成才。

总而言之，只有真正做到宽严相济，才能为国家培育出英才！

漫步邓林

——读书有感

夸父与日逐走，入日；渴，欲得饮，饮于河、渭；河、渭不足，北饮大泽。未至，道渴而死。弃其杖，化为邓林。

——题记

世界上有一种力量，它能使人摆脱肉体的枷锁，好像使斥鷃变成鲲鹏一般直冲万里云霄，且看天之正色。但它又是沉默的，我们只有去读它才可听见；它又是无形的，我们只有去读它才能看见；它又是无味的，我们只有去读它才可闻见。这就是思想，哪里有思想？书籍。

书籍可是最奇妙的，它需要用时间去沉淀，用锐利的目光去打磨，用思想的潭水去浸泡。它拒绝束缚，讨厌束缚。它栖身于一张张纸上，轻薄的光可使它透明，只需轻轻拨转过去，纸纸之间，字字连贯，句句流畅，在那思想洪流最汹涌澎湃的时候记录下它。在阅读时品味它的重量，轻闻它的芳

第一篇　关注现实　破解困惑

7

香。"一花一世界，一叶一菩提"。虽是小小的文字，但字里行间却有如千钧一发之势，排山倒海之力，拓展着人们的视野，震撼着人们的心灵。看见了吗？那专注的神情，似王羲之的毛笔，入木三分。那微微轻启的嘴巴，是在这神圣时刻最虔诚的颂歌。作者的笔绝非独舞！绝非逞一时之风头！它是赤诚的作者的心，邀请人们的灵魂一齐起舞。汩汩流泻于纸上，那笔墨已是"苌弘化碧"，凝成墨色的宝玉，涤荡着人们的内心。阳光沐浴着，微风抚慰着，大自然的共鸣。顿悟的时刻，犹如那一道道雷电，劈开了黑暗，斩断了深渊，照亮了远处的群山，指明了哲思的道路。谁不曾振臂高呼，要走出那如幻如泡的人世；谁不曾呐喊，要振聋发聩？鲁迅亦是，王阳明亦是。我们这一代人亦是！伟人们好似那追求光明探求真理的夸父，在危难时刻，留下一片片宝贵的邓林，鼓励着后人勇于投身到那事业当中，启发着人们的思想，提供着知识的果实。那"邓林"式的里程碑，不断书写思想与精神的史诗。书啊，引领着我们走上更高的山峰。

《悲惨世界》一书，将人物刻画得淋漓尽致，社会的种种现象皆尽现眼前。法国大革命可谓是激烈而极有意义。"它不仅只是伟大，它并且还是无边无际的。为什么？因为它敢。敢，这是为求进步所必须付出的代价。"没错，任何一种变革都是必然的，而变革所引发的风暴，也是必然的。于是勇气就是变革成功的唯一力量，这在高尔基的《海燕》及巴金的《日出》中也有体现。

"我们给人的欢乐不像一般的反光那样都是光源较弱，它有一种感动人的地方，它返回我们身上时，反而会更加灿烂辉煌。"思想的力量也与之相同，这一点在小说《白鹿原》中也有体现，书中有白灵在读完《秦进》一书后想离家上学这一情节。"芳汀的故事说明什么呢？说明社会收买了一个奴隶。向谁收买？向贫困收买。"它沉痛批判了当时法国社会的黑暗，我们也可以从中看见旧中国的情形。

总之，诸如此类，雨果通过《悲惨世界》详尽描述了法国经历变革前后的情形，深刻表现了法国旧时的黑暗。批判了社会秩序的混乱与当时政府的无能。告诉人们只有保持善良的、纯洁的心才可走出生活的阴霾。

书的性格，或雷厉风行，若弦上之箭；或清丽婉约，若和煦春风，各不相同。书的角度，有的嬉戏于孩童之间，有的则与大家商讨艺术，自成一格。书的情感，或激昂似涛，或悲秋伤春。喜怒哀乐，人生百态。读书，即是交谈，和一个人交谈。若想谈出个所以然，便应用心体会其中含义。站着，在一棵树下看；蹲着，在稻草旁看；趴着，在青草地上看……无论怎样，都能观作者心路，以鉴生活。

读《鲁滨逊漂流记》，便是与鲁滨逊一起交流，听他娓娓道来那沧桑的往事。忽地又有汤姆·索亚争着讲他的历险故事。看那斜阳一道影子，是欧也妮又在倾诉浮沉一生，苦甘交织。如何不陶醉呢？这么多的朋友和你谈话。掩上书，时而又眉头紧锁，时而又开怀大笑。倘若用什么来与之比喻，我想是一杯热气袅袅的清茶吧。文学的百草园，书籍的争鸣之处。

书是智慧的结晶，精神的象征。捧起书来，体会那"采菊东篱下，悠然见南山"的一份闲适，纵观那"人有悲欢离合，月有阴晴圆缺"的感慨，目睹那"蓬莱文章建安骨，中间小谢又清发"的风采。书中包罗万象，游历其中，好似星际旅行。思想的邓林，尽在书中。

浅谈语文教学为什么是"慢活"

> 一生专注，十天造桌，慢做事情，精彩人生。
>
> ——题记

常言道："语文好学，作为中学生，90%的学生都可大致通过自学读懂文本；语文好教，99%的教师都可以去教语文。"然而，想把语文教好还真要付出不一般的汗水，因为语文的教学是"慢活"，是慢功夫。语文的学习，需要我们一点一点地去吸收，经过漫长时间的有心积淀才会逐渐内化到血液中，成为有价值的东西。

因为语文学习具有阶段性、系统性、人文性的特点，这就决定了语文教学也必定是一项"慢活"。

一是因为每一个学段都有每个阶段的学习任务：小学阶段是识字与写字、阅读、习作；高中阶段多注重语文应用、审美与探究能力的培养，促进学生均衡而有个性地发展。这就要求我们教师在引导学生学习语文时要注重循序渐进，不能急功近利。二是因为语文学习是一个系统的过程，不能只重视应试的结果，而忽略过程的重要性。不能拔苗助长，也不能任而不管，要科学系统地指导学习，学会学习。三是因为语文是国文，学习语文就是在学习我们民族的文化，是一种知识的积累、文化的传承。然而我们的文化源远流长，这些文化知识不可能在短时间内掌握。文化的学习贯穿人的一生，需要时间。培养学生语文的人文气息，更是需要时间。

作为刚入校的懵懂少年，认识汉字需要从"点、撇、竖、捺、勾"等构字要素开始；作为老师，要带领学生从对"字、词、句、段、篇"的认识与理解去循序渐进地学习。而作为有经验的老师，不能满堂灌地去讲解，而应讲学结合，让学生课前去学、去品味、去感悟，并能结合生活去体味，长此以往，就会把语文文本理论（纸上的文字道理）与生活实践有机结合，才会慢慢将一些美好的有用的东西内化为自我的东西。

诚然，光靠掌握教科书上的道理是远远不够的，还需要鼓励学生去写。老师在课堂上，教会学生写字、造句，还有写作；教会学生读名家名篇，听老师品读文本。更需要做的是教学前，引导学生去自读自品，并教会学生养成圈点勾画的读书的方法与习惯；同时能够帮助学生养成持之以恒的读书写作的习惯与素养。即让学生能够自觉地去读书、自觉地去写作，将书本上一些优美句段积累下来，将与作者产生的共鸣沉淀下来，把书上的道理与社会生活结合起来去慢慢品悟。随着自我的成长，读的书慢慢增多，对人生对社会对生活的理解也会逐渐深入。因此，高中老师的课堂教学应注重对学生进行引导，做一个合格的"导演"，给学生创造一个良好的环境……这些方法和道理是教好语文的不二法宝。

古人云："十年树木，百年树人。"这揭示了成功者们通晓的道理：成功是时间、精力与汗水的沉淀，慢活以致志。急功近利是失败者的共同特点，唯有在喧嚣社会中专注于己任，慢慢磨砺者才能在历史上留下光彩的一笔。《聊斋志异》耗费了蒲松龄二十多年的时间，他在自己贫困交加的时候一边教书一边著书，四十多岁时才将这部巨著完成，之后的许多年中，他一直在对作品进行修改，一直修改到自己满意为止，最后成就了这部文学价值极高的名著。蒲松龄的故事告诉我们，做任何事都应持之以恒，至善始于行，至美始于求。至善至美存在于不断地追求、不断地探索之中。北欧诗人托马斯·特兰斯·特勒姆用十年时间，专心写诗，将汗水化作文字，将历练化为十六首描述北欧风光的诗歌。其中每一处词语的选用，每一处韵脚的选择，都饱含着他十年的思想。十年，对于商人来说可能是事业发展的黄金时期，但对于一个作家、一个诗人，十年时光只是他们作品中的一个标点、一个句子、一个段落。他们要将理想熔铸为文字，将人生编撰成美文。

故此，语文教学就是"慢活"，不可能一蹴而就，更不可能违背学科性质，"另辟蹊径"。语文教学犹如生活，而生活是一壶咖啡，唯有细火烹煮才能使其散发浓郁的香气，一旦猛火煎熬，咖啡便会溢出容器。此时，我们不但失去了品尝的机会，更留下了洗不去、抹不掉的人生污渍。

浅析《骆驼祥子》中祥子形象及其社会意义

《骆驼祥子》是我国现代著名作家老舍的代表作，小说主要通过主人公祥子的曲折遭遇，多角度、多层次地刻画了祥子的形象并揭露了黑暗的旧社会对劳动者的剥削、压迫和摧残。

一、祥子形象的多面性

（一）憨实可爱的骆驼祥子

祥子是一个性格极其鲜明的普通车夫，他身上散发着青春的活力，且具有劳动人民身上许多优良的品质。他善良纯朴，热爱劳动，崇尚美好，富有责任感和同情心，对生活具有骆驼一般的积极性和坚韧的精神。平常好像能忍受一切委屈：他克勤克俭、吃苦耐劳、意志坚强——十八岁跑到城里来，凡是以卖力气就能吃饭的事，他几乎全做过了。但在他的性格中也蕴藏着反抗的基因。他在杨宅的发怒辞职，对车厂主人刘四的报复，都可以说明这一点；他的一贯要强和奋斗，尤其是能扬长避短地去追求，正是不安于卑贱的社会地位的表现。这也显示了他是一位想凭借自己的力气一心混好的务实主义者。他不愿听从高妈的话放高利贷，不想贪图刘四的六十辆大车，不愿听虎妞的话去做小买卖，这说明他一直坚信着"有了自己的车就有了一切"，并为之苦苦地执着追求着。他所梦想的只不过是以自己的劳动求得一种独立自主的生活。他在曹宅被侦探敲诈去了自己的积蓄以后，最关心的却是曹先生的委托，因为他觉得曹先生是一个好人；对老马和小马祖孙两代的关切，体现了他的善良与正直，说明他是一个富有同情心的人。他还具有诚挚、憨厚、勤快的传统美德：在人和厂从不闲着，"把汗一落下去，他就找点事儿做"，干得那么真诚自然，让人看不出一点卖好讨债的意思。

祥子渴望自由幸福的生活，追求着美好的未来，并为自己构思描画了一幅圣洁的"家"的美景图："假若他有了自己的车，生活舒服了些，而且愿意娶亲的话，他必定到乡下娶个年轻力壮，吃得苦、能洗能做的姑娘。""因为一旦要娶，就必娶个一清二白的姑娘。"这是一般农民最朴素的爱情观。常言道：物以类聚，人以群分。他本人具有如此品性，当然他追求的亦是此类人。

祥子还是一位勤于思考，善于发现问题、总结经验、勇于解剖自己的人。十八岁来到城里，不久就认清楚一个事实：拉车是件容易的事；做别的苦工，收入有限，拉车则还多些变化与机会。何况此工作又极符合祥子的自身条件：高大、强壮、稳重。再如，当他面对丢车所遭遇的折磨与苦恼、虎妞无谓的纠缠、坐车人的无情冷酷以及买车无望时，他的人生价值观有所转变，意识到人是不能独自活着的；他原以为"拉车是他最理想的事，由拉车可以成家立业，现在他暗暗地摇头了"；"虎妞也有虎妞的好处，至少是在经济上帮助了他许多……爱与不爱，穷人得在金钱上决定，'情'种只生在大富之家"。祥子有时对自己一味挣钱买车与老弱病残争座儿感到于心不忍、备受煎熬——觉得自己有些"不要脸"：对自己的渐渐变坏深感内疚与自责。

祥子有很多值得人们效仿的内在美，也不乏令人赞美的外在美。老舍在作品一开始就用赞美诗般的语言描画着祥子健美体魄所散发出的青春活力：红扑扑的脸、短而粗的眉、粗壮的脖子、高大的身材、铁扇面似的胸脯、直硬的背、宽而威严的肩、一双"出号"的大脚。他"很像一棵树，上下没有一个地方不挺脱"。他拉车的姿势、步伐、力度，让人感觉"活动、利落、准确；看不出急促而跑得很快，快而没有危险"。他经常穿得干净、朴素、利落。祥子常常以此为自豪，觉得这些是生活的本钱——"有货可卖才能遇到识货的人"。

（二）敢于同命运抗争的祥子

祥子作为普通车夫，也有心理和生理上的需求。他为了买车，三起三落所经受的委屈、挫折，在得不到亲友的情、缺少父母兄弟的爱的情况下，祥子倍感寂寞、孤独，常常用不停地干活去驱遣，或到公共娱乐场所去消除愤懑。他怎能不渴望得到双亲的关爱、朋友的慰藉呢？如在他屡遭挫折后，虎妞"坦率"的情与爱看似使祥子"失了身"，这不能完全说是他的意志薄弱，更不能说他堕落了，实际上这是一种原始性的宣泄，以排解心中的烦忧与痛苦。祥子毕竟不是圣人。试想，一旦一个人的信仰、希望屡遭践踏，他的付出总是得不到最起码的回报，那么，人性就会磨灭，心理防线就会崩溃。因此，沉淀在人身上的生理本性就不自觉地去要求一种东西来"修补"。在杨宅丢了工作的祥子，觉得没脸再去人和厂却又"无意识"地去了人和厂，谁说这不是人类本性力量需求的驱遣？这一不自觉的行为是为了在那儿可以找到像先前那样的安慰和优待，这是人类本能需求的内在体现。到了人和厂，不想让虎妞看见也是出于要强和自尊，故当偏偏又被虎妞看见时，就觉得心里很"惭愧与气闷"，他"傻看这虎妞姑娘"是想得到她的安慰与体谅，也是他性生理需求的萌动。这时的祥子，可以说是很空虚、无奈的，丢了工作又受到了侮辱，只有寄托于这一种方式来排解。当时是静悄的秋夜，又有柔和灯、月光的映衬，面对虎妞的红唇、绿袄及温情的挑逗，怎能开启不了正当青壮时期的祥子那原始本性的萌动呢？所以祥子与虎妞发生的性关系，不能说是祥子的罪过，也不能妄加归罪于虎妞的勾引。虎妞对祥子的生活或个性带来很大影响，但从整个作品的字里行间分析，每当祥子受到挫折时，在虎妞那里却多少能找到一些心理上的安慰、物质上的弥补：当祥子丢了辛苦买的车重归人和厂时，虎妞热情地"接待"了他，叫他吃饭，他一时虽未动，但"心中忽然感觉到一点说不出的亲热……几乎落下泪来"；当在杨宅丢尽了人格与自尊，受了委屈辞了工又垂头丧气地来到人和厂，虎妞不但没有奚落他，而且用姑娘般的温情"宽慰"了他，这对失魂落魄的祥子来说无不是心理上的莫大安慰，多少弥合了祥子心灵上的创伤与空白。又譬如，虎妞因难产而死后，他感到莫名的空虚与无望，他就想方设法多交朋友，感到再不交朋友，他的寂寞恐怕就不是他所能忍受得了。

对于令人骄傲的个头、结实的身体、体面的穿戴以及有了自己的车后的愉悦的感觉，祥子总想赢得周围人的赞同与认可。这很符合一般人的心理需求。

祥子与其他人一样，都期盼着能够逃命，但又舍不得几匹骆驼，祥子觉得手中即使有条麻绳也还能安慰一下。他重新来到城里，觉得城市给了他一切，因为这儿不仅有吃的、有听的、有好看的，而且有数不清的钱，吃不尽穿不完的万样好东西。他与虎妞在一起、一心想买上自己的车——这样才能有稳定可靠的谋生手段，心理上方能有安全感。这种需求就像农民想有一块土地那么朴素。祥子常常渴求别人的尊敬与理解，渴望有自己的幸福生活，希望能得到他梦想中的姑娘。一旦这些希望破灭，就用另一种"报复"似的手段去满足此种需求（学会了欺骗、使坏、敲诈、逛窑子），这不能完全归罪于他的堕落，这也是人类理性破灭后对于心理平衡的寻找。

（三）需要正确价值观武装的祥子

祥子是现实中的祥子，他身上必然保留着农民——小生产者的局限性和缺点。祥子与生俱来的小农意识，狭隘眼光，尤其是自私、愚昧、保守、落后等，这些主观因素不仅造成了他的悲剧，也使他看不清当时社会的本质，认识不到个人奋斗根本不是劳动人民摆脱穷困的求生之路。"老马"的悲剧已暗示了他，"老马"认识到"结成群"的重要性，可祥子没能认识到这一点。他经常表现出盲目自信、盲目乐观、容易满足，只想通过个人奋斗生存。追求的是"三十亩地一头牛，老婆孩子热炕头"的自足自乐。所以"什么西苑又来了兵"等他皆不大注意。从大兵那儿逃出侥幸拉出几匹骆驼就把他高兴得不得了："他忍不住笑了。"他独来独往、孤僻、任性、缺乏科学的头脑：不敢听信高妈把钱存起来；不知道把虎妞送到医院分娩而听信陈二奶奶的愚弄；盲目地报复他人与社会。这些事情表明他看不清当时社会黑暗的本质。

二、祥子形象的社会意义

（一）黑暗的社会注定了祥子的不幸

祥子形象的成功塑造，真实地表现了旧社会洋车夫的悲惨遭遇，有力地揭露了旧社会把人变成鬼的罪行。

祥子来自农村，在他拉上租来的洋车后，立志买一辆属于自己的车，正像农民梦想拥有土地一样，只不过是一个独立的劳动者的最低愿望，然而，这一正当的愿望在那个万恶的旧社会里却似乎成了奢求。经过三年努力，他不惜用全部力量达到了这一目的——用自己的血汗钱换来了一辆洋车。但是没过多久，军阀的乱兵抢走了他的车；一个接一个的打击给他带来磨难。他不断挣扎，仍然执拗地想用更大的努力来实现自己梦寐以求的生活愿望。但一切都是徒然：用虎妞的积蓄买了一辆车，很快又不得不卖掉以料理虎妞的丧事。他的这一愿望"像个鬼影，永远抓不牢，而空受那些辛苦与委屈"，在经过多次挫折以后，希望终于完全破灭：他所喜爱的小福子的自杀，吹熄了心中最后一朵希望的火花，他丧失了对于生活的任何祈求和信心。于是，他的理性泯灭了，道德支柱摧折了，终于从上进好强而沦为自甘堕落："原来那个正直善良的祥子，被生活的磨盘碾得粉碎"。这是一段旧社会车夫遭遇的辛酸血泪史，它无情地控诉了旧社会人吃人的罪行。

正如老舍在作品结尾所概括的一样："体面的，要强的，好梦想的，利己的，个人的，健壮的，伟大的祥子，不知陪着人家送了多少回殡；不知道何时何地会埋起他自己来，埋起这堕落的，自私的，不幸的，社会病胎里的产儿，个人主义的末路鬼！"

（二）丑恶的现实泯灭了祥子的善良

通过祥子性格的前后变化，向人们展示了统治阶级对贫苦劳动人民的善良本性的摧残，就如一面雪亮的镜子映射出当时社会的黑暗。

祥子来自乡间，带着农民的质朴和固执。他身上具有劳动人民许多优良的品质，如对生活具有骆驼一般的积极性和坚韧的精神，当他认准了拉车这一行，他就成了"车迷"，一心想买上自己的车。他用三年的时间省吃俭用，终于实现了这个愿望，成为自食其力的上等车夫。买车的时候，祥子因百感交集而激动，"祥子手哆嗦得更厉害了，揣起保单，拉起来，几乎要哭出来……好吧，今天买上了新车，就算是生日吧，人的也是车的，好记，……"；祥子爱车甚于爱他的命，他相信有了车就有了一切。但当时中国军阀混战的社会环境，不容他有丝毫的个人幻想，不到半年，他就在兵荒马乱中被逃兵掳走，失去了洋车。但祥子没有灰心，他依然倔强地从头开始，更加克己地拉车攒钱，可这次还没有等他买上车，所有的积蓄又被侦探敲诈洗劫一空，买车的梦想再次成为泡影。他以与虎妞的婚姻为代价再次拉上自己的车，但好景不长，车成了虎妞因难产而死的"葬礼"；他又失去喜爱的小福子，这时的祥子再也无法鼓起生活的勇气，他不再像以前以拉车为自豪，他厌恶拉车、厌恶劳动，生活愚弄了他，他也开始游戏生活，吃喝嫖赌，出卖他人换钱，祥子彻底堕落为城市的垃圾，变成一具失去灵魂的行尸走肉。祥子的这种前后变化，形成了一个鲜明的对比，让人们清楚地看到不合理的社会制度对下层劳动者生活空间的威压，让人们更深刻认识到旧社会的丑恶现实。祥子善良本性的泯灭，是现实生活的威迫。

（三）深悟：团结铸就成功

祥子个人奋斗失败的叙述，给我们树立了一个个人主义末路鬼的典型形象。

小说细致地描绘了祥子为了实现自己的生活愿望所做的各种努力。作为一个没有觉悟的个体劳动者，尽管他有改善自己生活地位的迫切要求，却不懂得什么才是解放自己的道路，只是执拗地想凭借个人努力去达到目的。结果使自己远离周围的朋友，孤独无援，没有力量抗拒一次又一次的打击。买车成了他奋斗向上的全部动力。当他逐渐意识到自己根本无法实现这个目标以后，他失去的不单是一个理想，而是生活的全部意义，因而最终陷于精神崩溃的境地。正如作品中所比喻的，好像拉洋车为了抄近道，"误入了罗圈胡同，绕了个圈儿，又绕回到原处"。这就更加增添了他的不幸并给人以深刻的窒息之感。小说结尾，明确指出祥子是"个人主义的末路鬼"，在深切的惋惜之中包含了批判。作品在控诉旧社会吃人的同时，也宣布了企图用个人奋斗解放自己道路的破产，这就比一般暴露黑暗现实的作品具有了更深一层的社会意义。

窒息的环境、可怖的气氛、无望的抗争，向人们展现了一座穷苦如深渊的牢笼———一座阴森可怖的使穷人每况愈下的黑暗牢笼的雏形。

总之，老舍通过刻画一个努力奋斗而又屡遭磨难的祥子形象，多角度、多侧面地展示了其悲剧的社会意义。像这样勤俭和要强的人最后也终于变成头等的"刺儿头"，走上了堕落的道路，格外清楚地暴露出这个不合理社会对人们心灵的腐蚀。作品写道："苦人的懒是努力而落了空的自然结果，苦人的要刺儿含有一些公理。"又说"人把自己从野兽中拔出，可是到现在，人还是把自己的同类驱逐到野兽里去。祥子还在那文化之城，可是变成了走兽。一点也不是他自己的过错。"老舍怀着对被侮辱与被损害者的深切同情，写下了这个具有激愤的控诉力量和强烈的批判精神的悲剧。

教育大智慧彰显课堂魅力
——谈谈"梁云林事件"

"5月24日晚自习时，包集中学高一（3）班学生马某某把画着一只乌龟并写有'我是乌龟，我怕谁'的纸条贴在梁云林老师的裤子上。"在这起课堂突发事件中，马同学做的当然不对，但这一不正常的举动是马同学心理不健康的表征，还是久蓄在内心的学习压力的爆发？这一举动的背后有很多值得我们教育者、教育主管部门及学生家长深思的东西：是我们的应试教育出了问题，还是我们的教育环境出了问题？又或是我们学校、家长及部分教育主管部门等一味强调升学率而忽视学生健康心理教育的结果？我们的幸福教育、快乐教学理念体现在哪儿？

梁老师获知被贴小纸条后深感受辱，是人之常情。辛辛苦苦为学生上课、补课，真的很累，培养学生却被学生侮辱，内心该是多么气愤。若是自己的孩子，在大庭广众之下做这一事情，回去肯定少不了一顿严厉的批评！梁老师强忍着内心的委屈，

20

让马同学写清事情的原委，可见当时梁老师还算是理智的，而马同学"不愿写清事由"激怒了梁老师，于是梁老师撕掉字条打了马同学一巴掌。对于这一巴掌，马同学本该是理亏接受的，或者惭愧的，可是"随即用桌子上的书砸向梁老师"。高一学生应该懂得法律，不说"一日为师终身为父"，单单就"法律面前人人平等"而论，马同学也应知道理亏，她却毫无做错事之意去"反击"或"攻击"老师。

针对"梁老师又打了马同学一巴掌，此后，马同学情绪很激动，为控制住马同学，梁老师先后两次按住马同学的脖子，导致马同学脖子出现伤痕"这一情节，我觉得梁老师此时的表现极为不理智，这种不理智，是不是长期付出与回报不成正比所致？作为"弱势群体"的老师应该理智，如今社会舆论对教师造成的心理压力已经很大了，梁老师怎么不忍忍呢？居然出现"两次按住马同学的脖子，导致马同学脖子出现伤痕"的"罪证"！可见，当时的梁老师很不理智！作为教师最起码的冷静和爱心在哪儿？

如果梁老师能够先让事情"冷"下来，或者化不利为有利，将突发课堂事件淡化处理，微微一笑："画得好嘛，马同学以后一定可以成为美术老师，并且乌龟是长寿的象征嘛，马同学多么希望老师延年益寿呢……""马同学能够将乌龟贴在教他知识的老师的身上，说明她读懂了我梁老师的善良或者觉得她与老师没有距离……"若有这样的言语举动可谓是我们课堂教学的"大智慧"，绝对不会出现对打、报警、被开除等结果。

反思：我们老师在家长的眼里、在世人的眼里就应该"像个老师的样"——为人师表，高风亮节，为人世范。教好书育好人是教师的天职，学生（居然）敢在老师身上贴"乌龟"搞笑或取笑老师，这不能不令我们教师、教育主管部门、学生家长及社会世人思考反省——我们的教育出了问题？我们的家长出了问题？我们的周边环境出了问题？还是我们的感恩教育爱心教育出了问题？我们教师是教好书重要，还是育好人重要呢？

浅谈新课标理念下
普通高中语文阅读教学的困惑与策略

普通高中语文阅读教学质量较差，提高成绩难度很大，是当前和今后很长一个时期语文教师需要思考的问题。要改变目前阅读教学的现状，全面提高阅读教学质量，需要扩大阅读范围，传授阅读方法，拟定阅读计划，立足课堂教学，培养阅读兴趣，养成良好的阅读习惯，努力挖掘普通高中语文阅读教学的新亮点。

《义务教育语文课程标准（2011年版）》对阅读的要求："具有独立阅读的能力，学会运用多种阅读方法。有较为丰富的积累和良好的语感，注重情感体验，发展感受和理解的能力。能阅读日常的书报杂志，能初步鉴赏文学作品，丰富自己的精神世界。能借助工具书阅读浅易文言文。"

阅读教学，历来都被认为是语文教学中的重点、难点。我们要抱着对学生负责的态度，冷冷静静地思考，认认真真地对待，绝不能故步自封，误人子弟。本人就我校的高中语文阅读教学工作现

22

状，总结如下：

一、当前高中语文阅读教学中学生和老师的困惑

（一）学生的困惑

1.遇到语文阅读题，往往束手无策，不会阅读，有强烈的畏难情绪。

2.平时读得少，语感差，读不通，害怕阅读。

3.缺乏语言表达能力，有话不会说，言不达意。

4.阅读得分低，享受不到阅读的喜悦，容易丧失阅读兴趣。

（二）教师的困惑

1.没有恰当的阅读教学方法，阅读教学流于形式。

2.片面追求升学率，教师在阅读训练中针对考纲考点，考什么就讲什么，肢解语段，导致阅读训练效果差。

3.忽略了文本对阅读教学的示范作用，忽略课堂的阅读教学。

4.阅读教学缺乏计划性，缺乏体系。

5.教师自身阅读量小，或者根本不读书，整体感悟能力不高。

二、新形势下普通高中语文阅读教学的应对策略

（一）增加学生阅读量，拓展认知视野

"冰冻三尺，非一日之寒。"同样，学生阅读能力的提高也非一日之功。语文老师第一要解决的就是扩大学生的阅读范围，增加阅读量。只有大量地阅读书籍，才有可能提高学生的阅读速度，并教会学生在文章中提取有效信息。大量阅读，不仅可以丰富学生的课外知识，更能增强学生的语感，而语感是学习语文的必要基础。因此，在教学中，我们应该大力提

倡学生去阅读书报，只要是学生自觉的阅读行为，老师都应该鼓励。当然，首先书籍应该是健康的，看书时间安排也应该是合理的。很多老师一看见学生看与学习无关的书，不能区别对待，只死守一个原则：一律不许看。这样做不但会严重挫伤了学生自觉阅读的积极性，还会使学生形成错误的观念：在校学习期间，不能看与学习无关的书。学生如果没有大量的阅读积累，那么我们的阅读教学工作就很难推进。只有扩大阅读范围，增加阅读量，才可能拓展学生视野，才有可能增强学生的读写听说能力，学生的各种阅读能力才有可能提高。

《义务教育语文课程标准（2011年版）》也明确规定：7～9年级课外阅读总量不少于260万字，每学年阅读两三部名著，背诵优秀诗文80篇（段）。各地中考也把名著阅读纳入中考考查范围。因此，对一些适合青少年学生阅读的时代著作、美文佳作，教师要及时推荐，如寓言故事、诗歌散文作品、中外文学名著、文言文等。引领学生健康有效地阅读，以免学生不择而食。

（二）把握阅读方法，注重拓展延伸

方法是解决问题的门路和程序。语文教学只有把读、写、听、说的方法教给学生，才能提高他们的语文素养和成绩。具体到阅读教学，我认为，教师对课文的处理绝不能仅仅停留在把课文讲懂、讲透上，而要善于从课文中抽象出具体的阅读方法，教给学生拓展延伸的本领。

怎样才算教会学生阅读呢？叶圣陶先生说："需要翻查的，能够翻查；需要参考的，能够参考；应当条分缕析的，能够条分缕析；应当综观大意的，能够综观大意；意在言外的，能够辨得出它的言外之意；义有疏漏的，能够指得出它的疏漏之处。"实际上就是让学生在阅读中实践，在实践中阅读。阅读是由多种心理因素参与的心智活动，必须讲究方法。叶圣陶先生还说过："语文教材无非是个例子，凭这个例子要使学生能够举一反三。"学生只有掌握了最基本的阅读方法，才能充分地获取阅读信息，也才能在课外自由而有效地阅读。

1.教给学生阅读文章的一般方法。可以从以下几个方面进行：

（1）根据作品文体特征，抓住阅读重点。如阅读文学作品，要通过人物、情节、环境的分析，把握作品的主题和作者的思想。如《祝福》一文，教师要引导学生分析人物祥林嫂的前后变化及文中景物（多处春天）描写的作用，来理解文章的主题。

（2）抓住文章中的关键词语或句子，培养学生从细微处入手，感受文章思想和感情的能力。引导学生深入文本，分析某个细节、某个动作、某种心理，或者某个贴切传神的用词，理解文章的某种思想或某种情感。如教学《装在套子里的人》一文，引导学生找出别里科夫的神态、动作、语言、不同心理和性格的变化，从而更深入地理解当时沙皇对人民思想禁锢性的统治。

（3）了解文章的创作背景等情况，培养学生综合把握文章的能力。阅读文本，必然要将作者与历史背景相结合，才能真正把握文本更深的内涵。如教学《记念刘和珍君》一文，引导学生查阅资料，了解鲁迅当年的思想状况，就不难理解文中对当时反动军阀统治的讽刺、愤慨之词。

2.教给学生精读和略读的方法。《义务教育语文课程标准（2011年版）》要求学生掌握精读、略读、浏览三种基本阅读方法。精读是一种通过粗读、细读、反复读、一字一句地读，直到熟读成诵，烂熟于心，在充分理解的基础上从文章中提取信息的阅读方法。指导学生精读训练可从以下几方面进行：

（1）明确自学要求，让学生带着问题阅读。

（2）指导学生运用工具书，查找参考资料，以便更深入地理解文本内容。

（3）指导学生掌握阅读的步骤和方法。

（4）引导学生质疑问难，鼓励学生质疑并培养学生合作解决的能力。教师还可设疑，让学生通过阅读自行解疑。

（5）指导学生掌握阅读的基本技巧，如教给学生圈点、批注、摘要、制作卡片、写读书笔记等方法，并加以训练。

略读则是一种运用精读得来的方法，略去或绕过文章中某些次要的方面，迅速掌握全篇的大意和纲目，抓住要领和主旨的阅读方法。教师在指导学生进行略读训练时，要求学生多作粗读、泛读、跳读练习，以增强他们把握文章的能力。

浏览是相对精读而言的一种快速阅读方法。阅读课外书籍和报刊都离不开浏览。其方式有两种：一种是了解式浏览，即只了解其基本内容、主要思想和技法即可；一种是涉猎式浏览，即随手翻开一本杂志、一张报纸、一本文集，从通览目录和标题中去发现自己需要的或关注或感兴趣的内容。浏览主要采用默读的方式进行，"一目十行"即可，不要逐字逐句去念。

（三）拟定阅读计划，推进教学工作

在阅读教学中若没有行之有效的教学计划，甚至根本不制定阅读教学计划，就会导致阅读教学的盲目。很多教师都是在给学生讲解练习中，临时给学生增加一点阅读方面的知识，更没有开设专门的阅读教学课。其实，这是语文阅读教学的重大失误。任何无计划的教学都将是失败的教学，如果阅读教学缺少一个完整的教学计划，就很难从根本上提高学生的阅读水平。

因此，在阅读教学过程中，老师应该转变观念，在制订教学计划时就把阅读教学细化、系统化。在接手一批新生时，老师应该为学生拟一个详细的阅读计划。不同年级应该达到不同的阅读水平和阅读能力。同一年级，不同阶段也要达到相应的阅读水平。教师每一学年，每一学期甚至每个阶段都要拟定详细的阅读教学计划，使阅读教学工作有计划、有步骤地进行，层层深入，环环相扣。

（四）立足课堂教学，培养阅读的主动性

在教学中，有些教师为了完成教学任务，应付考试，拘泥于文本，照本宣科。课堂上，学习生字词，理清文章段落层次，分析优美语句，概括

文章主旨，看上去井然有序，实则老套。这是当前语文教学的较大误区。

其实，教材中的每一篇课文都是很好的阅读材料，我们不能一味地讲解，而应当把每一篇课文当成阅读练习，为学生设计恰当的问题，或者让学生提出自己的疑惑，老师适当点拨，这才显示出老师导的作用，而不是主观的"牵着学生的鼻子走"。让学生学会如何去阅读、去欣赏、去实践，才是课文教学的主要目的。在这样的课堂教学中，学生的理解能力、分析能力和语文鉴赏水平也就得到渐渐地提高。教师的思想深度、文化水准、人生体验、审美水平要高于学生，是学生阅读的向导，是文本与学生的中介，而不是阅读的主体。课堂是师生共同研讨的阵地，师生一起学习、讨论和分析，引领学生自己去阅读、理解和感悟作品的内涵、情感，只有富有个性化地阅读才能真正意义上实现创造性地阅读。在阅读过程中，学生在阅读文本时受各种因素的影响会产生不同的认识，教师应该珍视学生独特的感受、体验和理解，要多发现学生的闪光点，多激励，多赏识。只有这样，才能张扬学生的个性，让学生在阅读中发现自我，充实自我，从而培养学生阅读的主动性，激发学生阅读的兴趣和信心，学生的阅读水平才会不断提高。

（五）培养阅读兴趣，养成良好习惯

有些学生宁肯把时间花费在看电视、玩电脑上，也不愿意去读书。他们看起来聪明伶俐，见闻广博，但缺乏深入思考的耐心，知识虽多却流于肤浅。受多种因素的制约，如缺失家庭文化氛围、文化场所等，有很多学生没有养成良好的阅读习惯。因此，培养学生的阅读兴趣，使他们养成良好的阅读习惯，在阅读教学中显得尤为重要。具体做法是：

1.保证时间和数量。每天课外阅读半小时，阅读量不少于3000字。

2.养成阅读时动笔的习惯。"不动笔墨不读书"，每天阅读必定做好摘记，摘录文中名言警句或精彩片段。如果当时没有记录的，一定要及时补上。

3.以写促读。每周至少写一篇读书笔记（心得或评析），每篇400～500字。

4.组织交流与互查。每周安排一节阅读课，用来组织阅读摘记和笔记的交流和互查，相互学习，相互促进。

总之，普通高中语文阅读教学想迅速走出困境不是一朝一夕的事，语文教师自身要加强学习，与时俱进，不断提高自己的文化底蕴、文学修养，把自己修炼成一个书香味浓郁的语文老师，让学生从老师的身上感受到人文素养的熏陶。

浅谈皖北贫困地区农村高中语文教学质量的提升与学校文化建设的密切关系

本文尝试结合安徽省阜南第二中学（以下简称：阜南二中）高中语文教学实际，力争开拓出一条语文生活化、生活语文化的理论与实践相结合的课题研究新思路，制定出适合阜南教育发展的切实可行的方案。以此激励皖北贫困地区农村高中教师和学生的参与热情，促进阜南语文教学质量的提升，加快学校文化建设步伐，从而达到既能提高语文教学的课堂效益，又能加快校园文化建设步伐的目的。

一、对皖北贫困地区学校文化内涵的认识

皖北贫困地区学校文化建设包括物质文化建设、制度文化建设、行为文化建设和精神文化建设四个方面。其中皖北贫困地区学校文化建设以物质文化建设、制度文化建设为主体，它们是一所学校办学理念、领导行为、教师行为、学生行为的具体

体现，皖北贫困地区学校文化建设直接决定着校园精神文化建设的形成和教育教学质量的提升。随着市场经济的飞速发展，校园文化建设现状堪忧。如教师地位不高，得不到认同，广大教师普遍出现失落感；极端功利主义和拜金主义思想的抬头；利己主义与个人主义倾向的出现；留守学生日益增多；学生厌学与媚俗现象的出现；等等。以上这些现象，对学校的现代化建设产生了非常大的影响。此类现象的滋生蔓延，应引起足够的重视。

因此，我们提出研究此课题，旨在研究新形势下皖北贫困地区学校文化建设的现状及提出对策，加快皖北贫困地区学校文化建设的步伐，从而促进农村学校语文教育教学质量的提升，实现学校教育的育人功能、陶冶和美育功能、正面导向功能、凝聚激励功能、规范约束功能、同化辐射功能、感恩教育功能、服务社会功能。由于多方面的原因，皖北贫困地区的普通高中语文教学存在着重分数轻能力、重数理化轻语文的现象。有的高中一心抓分数教学，忽视了学生文化（心

精心耕耘

铸就辉煌未来

——省级课题《学校文化建设与中学素质教育的研究》

顾问：孙继明
主编：乔伟

阜南二中教师专业成长成功案例集锦

课题成果

理）的需求，有的学校语文课课时安排得很少（一周5～7节），而数学、英语课时一周安排8～9节，以为语文课上多上少一个样——高考该考多少就考（蒙）多少，尤其是一些理科教师和班主任极力鼓吹理科多学可以考高分甚至满分，而幼稚地认为语文学多学少对考试成绩影响不大。

基于以上现实，本文试图结合阜南县普通高中语文教学的基本现状，在普通高中校园这个特定的环境中，努力探索出一条语文生活化、生活语文化的教学新思路，以此激发师生的参与热情，促进普通高中语文教学与

校园文化建设之间的整合。校园文化是群体文化的一部分，是根据企业文化的理论内涵，结合学校教学、管理工作特点提出的新观点。它是在较长的历史时期内，教师、学生面对相同的校园环境，通过共同的教学活动、生活方式的相互影响和相互渗透，逐步形成的某些相同的思想观念和行为模式，表现出独特的信念、作风和习俗。把校园文化作为一个整体来看，它和广义的文化概念一样，由三个层次组成：核心层是指观念形态的价值观、人生观及行为准则，通常被称为校园精神，体现在学校的办学思想、目标体制等方面；中间层是呈行为形态的教师、学生、管理人员的教学方式、学习气氛、工作态度等，通常被称为学校校风，充分体现在教师、学生的日常生活中；外围层是物质形态的学生形象、校容校貌、教职员工仪容等，通常被称为学校形象，它是校园精神、学校校风的外在表现。校园文化是和学校这个载体紧紧联系在一起的，它为学校教研及其他管理工作提供了正确的指导思想和健康的精神风貌。不仅能够形成强烈的使命感和持久的驱动力，帮助教职工认识工作意义和学习目的；而且可以形成共同的价值观及行为准则，通过自觉的行为达到自我控制和自我协调的目的。

二、高中语文教学质量与校园文化的关系

高中语文教学质量与校园文化之间是相辅相成的关系。一方面我们语文教学应对校园文化起到引导作用，另一方面良好的校园文化对语文教学也起到促进作用，二者之间是相辅相成的。作为一种交际工具和文化载体，语文是用来反映生活并服务于生活的。对素质教育来说，语文课不仅应该摆脱应试教育的桎梏，更应显示出她的优雅、舒展的魅力。她好比是戏剧的脚本，学生通过阅读、背诵，进入角色，走进语文课文本作者的感情世界；学生通过体验、写作，进行必需的语文实践活动，从而不断提高自己的人文素质和语文成绩。语文学科相对于其他学科来说，更能贴近学生的心灵世界与情感世界。学生同文本真真切切地畅谈，获得的是青春激情的勃发和对生命的感悟，其人文教化的效果是其他学科难以达到的。这

是语文学科独具的魅力，她以深厚的人文内蕴去吸引和感染学生，开阔学生的视野，同时也丰富了校园文化活动，营造出人文教育的浓郁氛围。

而良好的校园文化环境对高中语文教学也能起到促进作用，各具特色的人文景观、标语格言、名人画像，对学生是一种示范、一种教化、一种激励、一种熏陶。如在阜南二中的校园里，校园文化处处彰显："知识决定命运""细节决定成败""为中华之崛起而读书""管理决定素质，素质决定前途""学高为师，身正为范""迎接朝阳，快乐一天；拥有微笑，健康一生"等标语，醒目地张贴在教学楼和宣传橱窗上方。"只要努力就能进步，不断进步就能成材"的勉励横幅洋溢着浓厚的人文气息。"面向世界，面向未来；与时俱进，开拓进取；振我中华，幸福人民"的豪言壮语赫然写在A教学楼的正面墙壁上。"为了美好未来，我们共同奋斗着"的温馨告慰语张贴在班级前墙黑板的右上方。学生会每天组织的校园卫生大检查、纪律大监督等使得学校环境整洁美观、温馨和谐——看那整齐划一摆放的自行车，一尘不染的地面；还有办公楼前、教学楼后的花园，各种各样的花儿竞相开放，红绿蓝紫的花儿争奇斗艳，真是姹紫嫣红啊！并且还在花草树木旁边放上精巧而温馨的提示语"我在成长，请注意脚下""把微笑留下，什么也别带走"。即使是厕所墙壁也张贴着"来也匆匆，去也冲冲""上前一大步，文明一小步"等温馨小贴士。同时，通过在校园广播站，开辟"校园一刻钟""走进直播间""校园论坛""生活之友""点歌台"等专栏，为加强学生的自身教育、自我管理营造了健康、宽松和谐的环境和氛围。

因此，为了提高学生的成绩，发挥学生的主体作用，应积极探索班级文化、走廊文化、板报文化建设的新形式，使校园的每一面墙都能激励人向上，每一个角落都能发挥育人的功能。

三、普通高中语文课中渗透校园文化的尝试性实践研究的必要性

语文素养的多少对一个人整体素质的高低有着极其重要的影响。高中培养的学生不应只局限于整天面对浩如烟海的数学、物理、化学、生物、

语文等科目的试题，训练得分技能。高中生更需要思想的启迪、情感的陶冶和精神的铸炼，来实现自我内涵的发展，提升自身的整体素质。因此，高中语文教师应注重让学生受到优良传统文化的熏陶和人类高尚精神的陶冶，从而使他们将来踏入社会真正拥有"天下兴亡，匹夫有责"的高贵品格、"先天下之忧而忧，后天下之乐而乐"的广阔胸怀。通过语文课文本的爱国爱家爱他人等内容的滋养和熏陶，使他们在潜移默化中修身养性以致终身受益，不至于在现代大众文化的狂潮面前茫然失措而迷失自我。

以我教授的理科班为例，我结合学生学习的实际情况对授课内容，尤其是教案内容做了一些适当的调整。强化课文教学内容的听力训练、说话训练、诵读训练，比如每一篇课文，我总是让学生反复诵读（包括自读、齐读、分角色诵读）、听教师范读、名家朗诵、配乐朗诵等，对于故事情节比较强的文本，特别是文本的内容有视频资料时，我设法利用多媒体让学生欣赏。在我所教授的班级里，让学生多练笔，并将优秀作文在班里交流已形成一种常态。同时还精心设计主题班会，如设计诗歌朗诵比赛、辩论赛、说相声演小品等活动，以增强学生的实践能力和社会活动能力。在班级文化建设方面，让学生设计好板报、手抄报、班级日志，把好人好事和智慧的灵光用优美的句段篇沉淀下来、表达出来进行传阅交流。

如在讲授完《荷塘月色》一文后，我在课堂小结中对学生讲了这样一句话："希望同学们能像朱自清先生一样，心里总保留着一片荷塘，当你感觉颇不宁静的时候，看看那亭亭的叶子，宛如明珠般的花朵和微风送来的缕缕清香，让自己疲惫茫然的心灵得以释放，并暂且享受片刻的宁静。"教授完《林黛玉进贾府》后，我组织学生分组讨论贾宝玉的性格和形象，最后我总结道："贾宝玉是悲剧的中心人物，他锦衣玉食，珠翠环绕，生活在温柔富贵乡里。但是，他并不满意这种生活，讨厌家庭加给他的种种精神上的枷锁，渴望无拘无束的生活。一群纯洁无邪、聪明伶俐的女孩子生活在他的周围，她们的诚挚热情、自由不羁的品格感染着他，她们的不幸和痛苦启发着他。酷爱自由的性格使他对一系列的封建教条产生了怀疑和否定。他否定读书做官的科举道路，鄙弃功名富贵。宁可读《西厢记》《牡丹亭》，而不肯读《四书五经》，不讲八股文，不愿与贾雨村一流的名利之徒交往，不爱听'仕途经济'之类的'混账话'。他毁僧谤道，褒贬忠孝，与封建教育的一套格格不入。元春封为贵妃，贾府里上上下下欢天喜地，只有他置若罔闻，毫不介意，他大胆地否定男尊女卑的封建观念，同情被污辱、被损害的女子。"

此外，我充分发挥学校图书馆和阅览室的图书资源，每周利用自习课或者"牺牲"语文课的时间带领全班同学到图书室和阅览室上一次阅读课，课前让学生准备好读书笔记，养成不动笔墨不看书的习惯。然后在晚自习课开展"读书比赛""读书知识竞赛"等活动，发动每一位学生买几本好书、读几本好书，然后把自己读过的好书带到班级共享——教室专门备有书柜和阅览架。书读多了，好的字词句沉淀多了，学生的语文成绩自然就提高了，他们的健康情操自然而然就培养出来了。这些活动大大激发了学生的学习热情，师生逐步共同营造了一个人人关注社会、留心生活、爱校乐学的校园文化。

美国教育学家杜威十分强调学习过程中经验的重要性，特别是学生的已有经验及先前知识。他提倡"教育就是生活"，我在教育教学中，也经常向学生传递"语文即生活""生活处处是语文"的观点。所以，我们只要关心我们的生活，好好生活，关爱我们身边的每一个人和物，那么我们的工作、学习、生活就会天天快乐、温馨而和谐。学校是学生生活的主要场所，他们大部分的时间生活在学校。只有让学生感受到校园文化是他们亲手营造并可以传承下去的，他们才会投入最大的注意力。实践证明，在阜南二中的校园里，语文课完全可以引导学生把对生活与人生的感悟融入到校园文化中，融入到校园大家庭里，帮助学生获取知识，形成能力，增强自身素质，发展自我。语文课之于阜南二中的校园文化，犹如广不可及荷塘中的那株红莲，又似漫天纷然细雨外的那株青绿，她既有入世的执着，又有出世的清逸，即便无法逃遁尘世，也如莲花般不蔓不枝，她以其高洁至美在俗世的洪流中独善其身，并给予我们些许清凉与慰藉。

新课程理念下做好偏远农村班主任工作之我见

随着基础教育课程改革的不断深入，教育教学观念的不断更新，作为班主任，不但要教好书，还要用正确的、辩证的人生观和世界观引导学生，帮助他们树立崇高的理想。然而，在我支教的某偏远农村中学，一些班主任在工作上所表现出的职业道德淡薄、法律意识薄弱等问题层出不穷，这不得不引起我们的关注。我在此想从自己的工作实际出发，谈谈在新课程背景下个人对偏远农村中学班主任工作的一些粗浅认识。

一、新课程改革对班主任工作提出了新的要求

新课程改革在教育理念上最大的突破，是在"以学生发展为本""以人为本"的口号下，实现教育与课程的全面创新。新一轮课程改革要求教育者综合运用知识的能力远远高于传统教育的要求，这就要求班主任应具备更高、更广、更深的业务知识

和技能。而作为偏远农村中学的班主任，更加需要培养良好的专业素养和解决问题的能力。

首先，班主任需在道德、知识、能力等方面全面提高。班主任只有具备高度的政治敏锐性和洞察力，以身作则，做学生的楷模，才能有针对性地对学生进行正面教育，使学生能战胜危害自己身心健康的东西。因为地处偏远农村，学生接受外界信息的能力相对较弱，学生比较单纯，有一部分学生甚至没有形成较好的自我管理、自我约束的能力，所以班主任须加以引导，使他们严格遵纪守法，形成积极向上的团结协作精神。

其次，班主任需走进学生的心灵世界。及时全面了解学生，分析和研究学生，这是教育好学生的前提，是做好班级教育工作的基础和必要条件，是班主任工作的基本内容。只有全面了解学生的基本情况，掌握学生个体的思想，才能使班级思想教育工作更具有科学性、针对性、实效性。同时，班主任需注意留心每一位学生，对他们的一言一行都要细心观察，对有异常反应的学生一定要真心关爱、细心分析、耐心了解，从而摸清学生的思想动态，及时给予必要支持和帮助，对症下药地为学生解决问题。处于偏远农村地区的学生，由于父母外出打工或出身单亲家庭等原因，学生有可能会产生自闭、叛逆等负面的思想或行为，所以，作为偏远农村中学的班主任要给予学生更多一点的关心和了解。

最后，班主任需组建民主和谐爱意浓浓的班集体。班集体是为实现有共同意义的目标、共同的活动目的而组成的有纪律、有共同心理倾向的群体，是按学生年龄结构和知识水平分成的有相对固定人数的教学班。班主任要带好这个群体，最重要的就是抓好学生队伍中的骨干，用骨干带一般，通过培养班级学生骨干，形成班集体核心。再根据班级实际，制订切实可行的班级工作计划和班级制度，统一班级的行动目标和奋斗方向，增强学生的集体荣誉感，形成正确的集体舆论和优良班风。偏远农村地区的学生大多性格较为内向，在组建班级初期，班主任要多教给学生干部一些处事方法，要对学生干部多加鼓励。

二、偏远农村中学班主任工作更应将"爱、细、严"融入管理之中

自我从教开始，曾在偏远农村中学工作多年，调到城区工作后，又下乡支教两年，并且担任偏远农村中学的班主任。我也常常思考自己的班主任工作，作为一个偏远农村中学的班主任，我应该如何有效地使班级管理工作适应新课程改革的理念呢？

送教下乡

结合几年的班主任工作经验，我个人总结为以下几点：

（一）相信爱能够融化待优生心灵的坚冰

我班有一个出名的不修边幅的调皮学生，不讲究卫生，还经常打架骂人，到处惹事，故意损害公共物品。同学们都不喜欢他，不想和他同桌，更加不想和他做朋友。我了解情况后，没有当众责备他，而是劝诫班级同学多给他一点关心，多给他一点爱，让他不觉得孤单。同时，我也经常找他谈话，一开始，他不屑与我交谈，但谈话次数多了，他便对我敞开了心扉。原来，他父母外出打工，只留他兄弟几人与年迈的爷爷在家，他是家中最大的孩子，不但要照顾经常生病的爷爷，还要照顾弟弟妹妹的起居，加之父母每个月寄回家的生活费根本不够用，于是他就经常去捡破烂换取一点零用钱。得知他是留守学生及他的家庭情况后，我为了维护他的尊严，在一次主题班会上将他的"事迹"一一向大家介绍，他得到了班级所有同学的谅解，同学们都愿意伸出手来帮助他。经过一段时间的教育，他对自己有了信心并改掉了不少坏习惯，同学们也渐渐地喜欢和他做朋友

了。尽管他在物质条件方面没有城区的学生优越，但他是开心的，内心是满足的。

在偏远农村学校，这样的留守学生有很多，作为他们的班主任，我们要对他们多一点关注，让他们感受到有如父母般的师爱，让他们从人生的低谷中走出来，让他们对人生充满希望。

（二）相信细节决定成败

"细"就是经常深入细致地观察、分析，解决学生中出现的问题。在对学生进行教育时，教师要用平等的态度和交心的方法启发、引导他们改正错误，积极进取。

我的班级中有这样一个学生，经常与高年级的同学一起外出上网、打电游，沉迷于网络游戏，不能自拔。其父得知此事，每次都拳脚相向，并不再给他额外的零用钱。可没坚持多久，他网瘾又犯了，他省下中午的饭钱泡网吧，还以多种借口骗取父母的零用钱，父母对他失去了信心，气急之下，说不要他这个小孩。这更进一步造成他"破罐子破摔"的心理，经常日不回家，夜不归宿，与社会上的一些不良青年混在一起。他转到我的班级后，我处处关心他的学习和生活，暗中观察他的一言一行，找他谈心，和他交朋友，对他在学习和生活上的困难及时伸出援助之手。由于他基础较差，我还特别送了一本学习参考书给他。终于，我的行动打动了他，他逐渐把我当成了知心朋友，开始向我吐露内心的真言。我就借机对他进行教育，和他一起剖析错误，鼓励他改正错误，放下思想包袱，力争上进。

类似于此种情况的偏远农村学生还有很多，大多是因为父母的素质不高，与孩子缺少心灵上的沟通，不能很好地与孩子相处。孩子出现问题后，总是用打骂孩子的方式达到教育他们的目的，这样一来就导致父母与孩子的矛盾越来越多，关系越处越僵。作为偏远农村中学的班主任不但要给予学生更多的关爱，同时，还要细心观察与剖析学生的各种行为，真正地成为学生的良师益友。

（三）"严"师出高徒的管理理念

　　"严"即是严格
要求，严格管理。无
论怎样说，学生始终
是学生，他们还是孩
子，贪玩、好动是他
们的本性，而且对新
鲜事物容易产生兴
趣，富有好奇心，且
不愿受到家长和老师
的约束。因此，作为
班主任，我除了要求

我和学生在一起

他们抓紧学习《中学生日常行为规范》《中学生安全公约》等规范，还结合
本班的具体情况，以校规校纪为指导，制定班规班纪，要求学生互相监
督、自觉遵守。同时，我对班级存在的问题及时处理，绝不拖拉。利用每
周班会时间做一周小结，对班级发生的好人好事，给予表扬；对班上出现
的问题，提出严厉批评，督促学生及时改正。之后，学生的自觉性提高
了，知道什么该做，什么不该做，在校内校外都能做到遵纪守法。

　　我任教的班级位于教学楼的顶楼，离学校的运动场有很长一段距离，
加之，班级男生较多，大多爱好篮球等运动。学校也一再强调不能在教室
门口打篮球，班级班规上也有明文规定。一日，几位男同学见下午有体育
课，早早地将篮球带到学校，待到下课铃声一响，就急匆匆地拿起篮球往
教室外跑，隔壁班一男生见到此景，立刻上来拍了几下，顿时，几个男同
学在教室门口玩起了"斗牛"，不料，一不小心，篮球从三楼直飞下去，班
干部见大事不妙，立刻请我前去。虽说此事没有导致任何意外事故发生，
但影响是极为恶劣的。当时，我立刻要求相关人员去办公室跟我说明事情
的原委，先严厉地批评他们，同时，让他们写检查反思自己的行为，并要

求他们在班级宣读，让全班同学以此为戒。同时，由于他们耽误体育课的讲授，结合中考体育精神，让他们几个去操场跑圈，凡态度恶劣者，要求其家长来学校进行配合教育。

　　总之，随着教育课程改革的不断深入，教育教学观念的不断更新，作为偏远农村中学的班主任，要注重师生间心灵的沟通，在工作中注意以理服人，以情感人，在学生与家长之间搭建一座通往彼此心灵的桥梁。让偏远农村中学的孩子像城区孩子一样，在新课改的推进中，不断地学习新知，不断提高综合素质。

教坛雨露

浅谈新课改下语文教师如何培养探究能力

近年来，新课程改革给传统的语文教学注入了新的生机与活力。新的教学模式给新课标提出语文教育的新理念，要培养"思想敏锐，富有探索精神和创新能力，对自然、社会和人生具有更深刻的思考和认识"的符合时代发展与特色的开放型人才，教师的任务不仅在"传道、授业、解惑"，而且要"启智、陶情、冶性、锤志"。我们要求学生必须具备探究能力，教师自身首先要有探究能力。那么，作为教育的组织者和实施者，一名优秀的语文教师应该具备哪些探究能力？又该如何培养呢？

一、增强语文素养，注重语文探究能力的培养

面对语文教育的现状，一个不容回避的事实就是中学语文教师的语文素养普遍偏低。很难想象一个缺乏语文素养、缺少感悟能力的语文教师能够把语文课上得精彩，上出滋味。那种絮絮叨叨的提

问，匠气十足的诠释，是无法唤起学生的联想与想象，无法唤起学生对语文的激情。语文的课堂里，应当充满文学味儿的话语：这里有精心营造的优雅氛围，有极富语言张力的讲述；有对优美诗意的捕捉，有对深邃哲理的提炼。让学生置身于令人陶醉的意境画景，让学生的心灵沐浴着明媚的文学之光，从而激发出对祖国语言文学由衷的热爱。

在新课标背景下，我们强调教师努力更新自己的知识结构，以崭新的眼光、襟怀和气度去实施教学，去评价学生，并且通过营造民主和谐、开放的课程氛围来释放学生的生命潜能、升华其人格品位，同时也要求语文教师要有可持续发展的专业知识和技能。也就是说，语文教师亟待提高自身的语文素养。

如何提高自身的语文素养呢？

首先，教师要努力提高自己对语文的感悟能力。语文的本质是审美，理应以感性为主，以提高想象的灵活性和丰富性为己任，而不能任由理性的分析取代感性的领悟。因此，我们需要从语文的特点出发，树立起审美的观念，使语文教学活动成为一种审美享受的活动，一种再创造的活动，让涌动着生命激情的文学作品，唤起学生生命的激情，让美去点燃美。

其次，教师要养成广泛阅读的习惯。当一名有"语文味"的语文教师，广泛的阅读是基础。试想，教师不博览古今中外的名著，怎会有在课堂上旁征博引的机智，信手拈来的潇洒呢？教师远离了阅读，势必会语言苦涩、见识浅陋。事实上，学生大多都喜欢知识面广、语文素养高的语文教师；而教师自身素养如果不高，展现给学生的自然是面目可憎、令人乏味的东西。

第三，教师要努力成为写作方面的行家里手。可以这样说，不会写作的老师，是不称职的语文教师。写作是一种生命的运动，也是一种自我丰富和自我发展的过程，是对人的思维和语言的综合训练。语文教师要保持业务优势，就必须特别重视提高写作水平。"出口成章，下笔能文"一直是语文学习追求的目标，在实现这个目标的过程中，教师能够率先垂范，其引导作用将是巨大的；反之，如果教师连这一点都做不到，我们的语文教育将很难有发展。

二、引导学生积极探究，并能成为课堂的主体

苏霍姆林斯基曾说过："在人的心灵深处都有一种根深蒂固的需要，这就是希望自己是一个发现者、研究者、探索者。"蔡元培先生也曾提出："我们的教书，并不像注水瓶一样注满了完事，最重要的是引起学生读书的兴趣。做教员时，不可一句一句，或一字一字都讲给学生听，最好是使学生自己去研究。"然而，长期的师者本位意识，让我们处在学生之上，课堂上的滔滔不绝是权威是尊严，甚至在某种程度上是"博学多才"的炫耀。我们的学生是压抑的，我们的教室是沉闷的。为什么我们不能俯下身来听听学生的声音，为什么我们不能搭建一个师生对话的平台，营造一个开放、有序的教学氛围。我们应该把思考权、话语权归还学生，还学生独立的思考空间。

那么，如何在语文教学中培养学生的探究能力？

1.指明探究的方向。语文探究学习应富有语文学科的特点，探究性学习是为学生语文素养的全面提升服务，语文探究活动要从文本出发，联系背景，知人论世、品评人物、品味语言、评价风格。探究性活动要在语文实践中进行，主要有探题目、探人物、探情节、探语言、探艺术空白等。

2.传授发现问题的方法。问题是"探究性学习"的核心要点，"发现问题，分析问题，解决问题"是探究性学习的一般过程。语文教师要让学生树立问题意识，积极引导学生发现问题是探究的活水源头。学会发现问题是开展探究性学习中最重要的一件事。教师要围绕语文教材，立足课程标准要求，让学生学会探究。主要有以下方法：（1）诵读法。通过诵读激发学生的独立思考，唤醒学生对诵读内容的思考，从而发现其中的问题。（2）联想法。围绕文本，不断发散思维，扩展联想的空间，从课本知识到课外阅读，从古代到现代，从音乐美术到影视录像，从民间俗语到诗词典故。在丰富联想的基础上，容易找到知识中的空白，思维中的矛盾，从而

发现问题。（3）质疑法。让学生在质疑中发现问题，引导学生"于疑难处质疑""于无疑处质疑"。（4）实践法。在实践活动中发现问题，如组织学生开展课堂表演、课堂操作、朗诵诗歌、演讲等语文实践活动，让学生发现问题。（5）比较法。通过语段、词语、修辞、情感、语体的相互比较，让学生发现表达的优劣，发现问题进行探究。

3.培养解决问题的能力。会提问，还要能解决问题。探究性学习课堂不在于学生能研究出多少问题，而是以问题探究为契机，让学生感受探究问题的乐趣，学习探究的方法，创设学生发表见解的机会，张扬学生的学习个性。

因此，课堂中我们必须让学生在探究过程中学会解决问题的方法，让学生懂得遇到问题要思考；养成小组讨论、分工合作的习惯；学会围绕主题收集资料方法；懂得想象和验证、实践的方法。

三、用心咀嚼文本，成为开掘文本资源的领军人

《语文课程标准》中提出："语文是实践性很强的课程，应着重培养学生的语文实践能力，而培养这种能力的主要途径也应是语文实践，不宜刻意追求语文知识的系统和完整。语文又是母语教育课程，学习资源和实践机会无处不在，无时不有。因而，应该让学生更多地直接接触语文材料，在大量的语文实践中掌握运用语文的规律。""沟通课堂内外，充分利用学校、家庭和社区等教育资源，开展综合性学习活动，拓宽学生的学习空间，增强学生语文实践的机会。"要改变过去语文教学重知识传授轻实践活动的弊端，就必须利用现实生活中的语文教育资源，构建课内外联系、校内外沟通、学科间融合的语文教育体系。为拓展学生的学习空间，增加语文实践机会，《语文课程标准》中首次提出课程资源的开发与利用，广泛利用课程教学资源和校外学习资源，特别强调家庭也是值得重视的语文课程资源。

要搞好语文课程资源开发与利用，我认为语文教师需要具备以下三种

能力。

1.遴选、鉴别的能力。现代语文教师的教育职能已不能囿于课堂教学和教授课本，他应是语文课程的开发者，是学生学习资源的发现者。这就要求教师具有善于发现、果断取舍和价值判断的能力。在满眼是"资源"的时候，要学会取舍，体现课程资源开发利用的优越性、优先性与适应性；在资源相对贫乏的时候，要善于发现和挖掘，充分利用现有学习资源，最大限度地发挥其教育价值；在课程资源相对单调的时候，努力加强课程资源的多项多维联系，形成课程教育交互网，以满足学生多样化学习与全面发展的需要。

2.组合、变通的能力。如何把"原生态"的、散见的语文课程资源转化为语文课程教育的有机组成部分，这是语文教师课程开发的基本功。第一，对零散的课程资源（个人、家庭、社会、自然、媒体中的课程资源）进行组合，使之具有一定的系统性和教育的针对性、目的性；第二，对传统的文化资源进行现代化转换和激活，使之具有现代教育价值和教育活力；第三，对现有的已利用过的课程资源进行变通、嫁接，使课程资源具有再生性、可再利用性。

3.协调、沟通的能力。语文课程资源的开发与利用，不仅是学生传统语文学习方式的现代转换与超越，同时也是教师语文教育方式的重要变革。其中一个重要方面就是，它在一定程度上，要求教师必须走出课堂，走出书斋，走进社会、自然，走进学生家庭，走进学生生活；要从"科学世界"走向"生活世界"，从语文学科走进其他学科。在这一过程中，教师必然要与社会、家庭、其他学科教师取得广泛而密切的联系，这就要求教师具有一定的协调与沟通能力，不仅要沟通家、校、社会以及其他学科老师，并与之协作，而且要成为学生课程资源开发与利用的协作者、沟通人。

四、运用新的教学方法，成为激活课堂教学的艺术者

受应试教育下填鸭式教学的影响，学生总是被动地接受知识，重知识

记忆而轻问题思考，习惯于听老师讲解，习惯于背诵书本知识，而忽略了语文课程的特殊性。课堂是主阵地，采用什么样的教学方法才能获得更好的教学效果是值得每一位语文教师努力探究的问题。

（一）采用启发式教学引导学生自主探究

启发式教学是指教学过程中承认学生是学习的主体，而教师的任务在于引导学生发现问题、思考问题、解决问题，强调对知识的理解、运用、创造。教师要通过一定的方式去引导学生就某个问题展开积极的思考，让学生自主地进行分析判断，提高学生的语文综合素质。

1.运用多种启发式教学引导学生进行探究。教师在导入新课时，或介绍写作背景，或激情朗读，或巧妙设疑，激发学生阅读课文的兴趣。这时，一句隽永精警的名言，一则简短而寓意深刻的寓言，一首流传千古的古诗，甚至一片随风而落的秋叶，都能成为中学语文教师手中的道具。

2.借助导读提纲建立起师生共同的思维空间。深层次启发式教学强调学生主动地通过自己的思索接受知识，而学生的思索必须与教师的教学目标结合到一起，这就需要借助提问进行引导。但提问不能是乱问，必须有合理而科学的安排。为此，许多有经验的教师常借助导读提纲去建立师生共同的思维空间。教师要善于抓出总的问题，以此去总领课文的讲述与学生的思考；编写导读提纲，则要求教师善于分解问题，有步骤地在各部分内容讲述前把小问题提出来，以此统领此部分内容的讲述与学生的思考；总的问题与各分解问题合起来，就形成了一条科学的思路，从而使学生的思考合理而有效。

3.引导学生进行探究。有些老师提出问题后急于要求学生回答，但学生没有经过深刻的思考，没有结合课文内容做全面的剖析，这样的回答是机械的。在教学中若能紧贴课文中心句和重点关键句提出种种疑问，无疑会把学生的思维引向深入，大大拓宽思考的范围，提升思考的层次。

4.要重视学生思考基础的积累。学生熟悉课文内容，对于开展有效的课堂教学是极为重要的。若没有充分的思考基础——语文基础知识和生活感受的积累，而强行展开启发式教学引导学生进行探究，结果可想而知。每一位教师都必须充分重视学生思考基础的积累，以保障学生能够具备一定的阅读想象，积累能让学生始终保持思维的新鲜感，促使学生探究性思维的形成。选择恰当的时机进行启发，可以获得更好的学习效果。

（二）学会创设情境来激活学生自主探究的思维

认知需要是学生学习中最稳定和最重要的动力。在学习一个新的知识点时，教师要创设认知需要情境，把学生的思维带入新的学习背景中，让他们感到学习是解决新问题的需要。最终，使学生产生一种积极发现问题、积极探究的心理取向，使学生敢想、敢问、敢说，从而诱发学生探究的意识，激活学生探究的思维。

总之，"探究"是一个博大精深、常说常新的话题，它就犹如一朵常开不败的花，将芬芳播洒在语文的园地上。

第二篇　潜心历练　发展内涵

新课改下教师专业成长纪实

　　2014年暑期参加完北京大学"语文教师职业发展规划高端研修班"培训后，我感触很深：教师若想远离"职业倦怠"，就应该制定自我成长的职业发展规划，就应该不断求索，做一名勇攀高峰的"语文人"。

——题记

　　不觉间，十八年的韶华如白驹过隙。伴随着十八年的艰辛磨砺、执着追求和坚定信念，作为一名普普通通的教师，我坚守着神圣的三尺讲台，兢兢业业，甘当一只拓荒的老黄牛，在阜南二中这块教育文化园地里，辛勤耕耘，将一颗火热的执着之心献给了我的学生、我的教育，用爱心和勤奋播种着希望，用赤诚浇灌着教坛。我热爱着我的教育，力求用语文自身的魅力去影响学生、改变学生。为了让我的教育出成果，为了向渴望优质教育的阜南人民交出一份满意的答卷，从我走进师范学院大门起，就暗下决心夯实专业知识，努力掌握系统的教育教学理论知识，不断锤炼厚重的教师素养。在十八年的教育生涯中，我不懈地去探索教学艺术，力争使自我的专业素养得以快速提升，并运用自身良好的语言素养调动学生学习的积极性和主动性，从而让学生感受学习语文的乐趣。在十八年的教育教学工作实践中，我把汗水倾注于每一节语文课上。我相信：爱心教育和珍重人格的教育才是成功的教育。

一、不懈追求，倾情奉献

大学毕业，带着金色的理想和满腔的热情，我毅然回到了生我养我的家乡——皖北阜南县，被分配到阜南二中任教。从报到的那一天起，我就树立了我的理想：做一位永不停息执着追求远大理想之人，为阜南教育事业添砖加瓦。我深知：交给学生一碗水，自己应是长流水。故此，我一边教好书育好人，一边利用一切可以利用的空暇时间去汲取专业营养，充实自我，提高自我。

为了使自己迅速地融入教师角色，我一心扑在教学上钻研着、探索着。我坚信：最好的教育是爱的付出。白天，同我的学生朝夕相处，火热地打成一片，成为他们的良师益友；晚上，在灯光下潜心学习教育教学理论，钻研教材教法，认真地备课。由于我的坚持和努力、与同事的精诚合作，教育教学成绩突出，班级成绩得到学校和家长的肯定；辅导的学生参加国家、省、市中学语文知识竞赛和作文比赛获奖超过一百人次；2011年在全省举行的书信大赛中，辅导的学生有两位获得了市级特等奖（当年全市特等奖总计5人）。

自为人师以来，我总是以校为家，每天早晨常常第一个来到学校，打开教师办公室门，然后默默地陪着学生早读及晚自习，寒来暑往，从未间断；没课时，总待在办公室备课改作业，处理学生突发事件，不理解我的同事时常说我"傻"，爱表现，对此我微微一笑。我在工作上一直以陶行知先生的"捧着一颗心来，不带半根草去"作为职业标杆，一直信奉着"做好自己的工作才是幸福生活的源泉"的人生信条。因为我从事的是太阳底下最光辉的事业，担负着为祖国培养合格人才的神圣使命。"衣带渐宽终不悔，为'生'消得我憔悴"，我在教学园地里纵横驰骋，毫不言累。我很喜欢《金缕曲》这首词，"幼苗茁壮园丁喜，几人知，平时辛苦，晚眠早起！燥湿寒温荣与悴，都在心头眼底。"因为它写出了我甘心选择教师这行的心声。由于我十八年来的辛勤工作，党和人民也给了我许多荣誉。其实，我对这些荣誉内心总是淡淡的，真正激起我心海浪花的是我那一批批健康成长起来的学生。看着自己的学生走上社会后有能力、有朝气、有一颗阳光向上的心，我内心充满了欣喜。我的学生在毕业工作后，仍能与我像朋友一样促膝而叙——寒暑假里，总有好多学生不约而同地来到我的身边畅谈各自的理想和成就，那种感觉恍如春天田野里百花争艳入眼帘，这种幸福真比喝了蜜还甜！再回首峥嵘岁月，辛勤付出，真的很值很值。

二、真情融入教学地，爱心滋润孩心田

苏霍姆林斯基曾经说过："一个好的教师意味着什么？首先意味着热爱孩子，相信孩子，关心孩子，了解孩子。"我认为，没有爱就没有教育，对学生要爱得深沉，爱得真切，爱得全面。这样，我们老师才能与学生真正的心灵相通。

什么才叫爱学生？在长期的教育教学实践中，我总结出了"三心"做法：思想上，是他们获得正能量的引航人，做学生的知心人——将健康向上的思想教育融入教育教学之中；学习上，关注每位学生，做学生的有心人——不同的学生布置不同的作业和采取不同的管理方式；生活上，真心关怀最需要温暖和抚慰的学生，做学生的贴心人——时常对学生家访并注重与学生沟通。爱学生，就要像春风化雨般无声，春雨滋润那冰封的泥土，朝阳抚慰那心灵的湖水，用生命之歌去唤醒一粒粒沉睡的种子。我总是努力用一颗充满爱的心去引导学生，用一份真诚的师生情去感动学生，让他们健康快乐成长！

譬如，在我任教的班里，有个名叫李晓梅（化名）的学生，可以说是全班公认的最不守纪、成绩也较差的"顽固"学生，性格比较自卑，是个"留守生"，班干部的话不听，老师的话不理，考试成绩从来没有超过60分。我一方面教育全班同学不要歧视她，另一方面用自己真诚的爱心去感动她。李晓梅没有笔，我将自己的笔送给她；李晓梅周末回家没有钱，我会让生活委员代我给她钱……我相信纵使是天山北麓尘封的千年坚冰也会被七月的骄阳融化的。经过一段时间潜移默化的爱心感召，李晓梅慢慢地变得开朗了，入群了——课间能与同学们打成一片了。我因势利导，我了解到李晓梅同学擅长书法，于是我在班上组织了一次书法比赛，果不其然，李晓梅获得了第二名，我带头为她鼓掌，其他同学也纷纷向她表示祝贺，李晓梅终于露出了笑容。事后李晓梅主动找到我，流着热泪哽咽着说："乔老师，以前我给班级带来太多麻烦，惹您生气，真的对不起您，今后我一定改，您看我的行动吧！"此后，李晓梅像变了一个人，主动买了学习资料，上课时再也不打瞌睡了，作业也能按时完成了。期中考试，她语文破天荒地考了77分。我抓住表扬的契机，给她加油鼓劲："77分说明你已经有了很大的进步，老师希望你再接再厉，争取更好的成绩。"同时，我联系其他任课教师每天找机会给李晓梅"开小灶"，并安排班上成绩最好的同学与她同桌，结成学习对子，帮助她，鼓励她。精诚所至，金石为开，期末考试，李晓梅语文数学都在90分以上，我特意给她颁发了一张"最快进步奖"的奖状，李晓梅激动得流下了泪水。

为了让每一名学生都成人成才，我还努力探索学校德育工作的新路子，如开展"如何'清洗'不健康心理的'污秽'""留守孩子好处多""人怎样活着更快乐更有意义""互助合作让你我共赢"等主题班会。在我的精心安排下，班级的德育工作开展得有声有色。"问渠哪得清如许，为有源头活水来。"真情的教诲，真心的关怀，真诚的奉献，产生了"春风化雨细无声"的育人效应，我所带的班级多次被评为"优秀班集体"，我也多次被评为"市、县级优秀德育工作者"。

三、凝心反思，潜心教研

我深知：研而不教则浮，教而不研则浅。有一位教育家曾经说过，不会从事教学研究的教师永远只能是个教书匠。当新一轮课程改革的春风吹进校园时，我又以十分的热情和谦虚严谨的态度投身到课改之中。因为，教学是一门科学，更是一门艺术，仅有热情是远远不够的，还必须有扎实的教学功底和科学的教学方法。从执教的那天起，我从没有放弃对教学艺术的追求和对教学方法的钻研。我一直坚持对教育理论的系统学习，结合自身实

成果论文

际进行教学反思，潜心教研，并坚持以走出去"充电""输液"的方式，促使专业素养得以快速提高，如积极参加继续教育培训和专家报告会。我多次被选派到北京、南昌、合肥、蚌埠、安庆、黄山等地参加"中学高考语文经验交流会""省级教科研成果展示交流会""全国中小学语文示范观摩课大赛和教师素养大赛""全国名校长名师工程培训会""语文教师职业发展高端研修班"……

我始终如一地坚持写教学反思，并把收集整理的教学灵感，撰写成一篇篇学术论文。经过多年不懈努力，我与同事共主持研究并完成了十多项国家、省、市级课题，有两项获得了省级基础教育课程改革成果奖。我将研究的成果时时运用到教育教学中去，形成了一套适应新课改的教育模

式："力求使用幽默、风趣的语言，不仅使优秀的学生因成功而发出笑声，也常常让我的待优生在愉快和谐的气氛中受到触动。"如我在备课时，注意分析学生的学习情况，以生为本，用"激励、赏识、参与、期待"的方法来精心设计课堂教学，激励每一位学生求进步，赏识每一个学生的才华，创造条件让每一个学生参与课堂教学活动，期待每一位学生一天天进步。在课程改革的理念指导下，我重视教学情景的创设，努力营造课堂气氛，开展互动式的合作教学，构建新型的课堂教学模式，让学生自己在动口、动手、探究中掌握知识，并把知识传授、能力培养及情感熏陶有机结合在一起，使学生逐步具备学习的自主性，成为课堂的主人，让课堂充满笑声。

成绩代表过去，坚守成就未来。我深深知道：教育不仅仅是我的职业，更是我的事业；教师的教育理念因坚守而闪光，教师的教育工作因耕耘而芬芳。

"路漫漫其修远兮，吾将上下而求索。"十八年来，笔墨春秋，书写了我教书育人的喜怒哀乐；讲台岁月，浸透着我不懈追求的挚爱深情。我把自己的爱和责任，把多年沉淀的教育智慧之甘霖，都毫无保留地倾注在教育事业上，去浸润那些渴求知识的孩子们的心田。我愿一生从事这平凡的教育事业，尽情书写我不平凡的人生。我将终生抱定"耕耘语文，享受语文"的信念。"路虽远，行者将至；事虽难，做则必成。"十八年的耕耘，一路汗水一路欢歌，因为我在教育教学中收获，在忙碌中反思提炼，在反思提炼中成长。我的教学生涯，充实而快乐，阳光而幸福。只要自己把心捧给太阳，一定会融化天山北麓尘封千年的寒冰。千不求，万不求，只愿优质教育暖我家乡父老之心头。我坚信：只要我们共同孜孜以求，我们的专业成长就有了盼头，我们的教学教研之花定能够在家乡绽放，馈赠给我们丰厚的报酬！

阅读，助推语文教师专业成长的加油站

　　　　一个人的人生路能走多远，往往取决于其脚下的阅读书籍能垫多高。

——题记

　　教师是学校办学的第一资源和核心竞争力。全面提升教师的专业素养，是培养名师、打造名校的必由之路。教师只有走专业发展之路，才能始终紧跟时代步伐，不断走向更高的层次，达到更高的水平，逐步成长为名师。

　　阅读是我们语文教师快速提升专业素质发展的源泉，阅读是让我们从普通教师成长为名师的重要利器。

　　那么，一位普通的年轻语文教师若想成长为一名优秀教师，就必须养成好学习、常阅读的良好习惯。只有常阅读，才能看到自己的不足，才能不断地从阅读中汲取营养，才能正确地认识自我而追求进步。

教师若想让自我成为"长流水"，就要向书本、网络、同事学习。其中，广泛阅读是让自我成为"长流水"的源泉。细心的教师常常会发现，大部分顺利评职晋级的教师都有一个共同的嗜好——阅读学习，他们充满智慧和灵气的课堂正是得益于他们广博的知识积累和深厚的文化底蕴。不少教师写论文时总感到无话可说，有时好不容易凑出来一篇文章也是干巴巴的，这其中最关键的原因就是平时阅读不足、缺少知识的积累。"问渠那得清如许，为有源头活水来"，这"活水"从哪里来？这"源头"就是阅读学习。教师作为世人眼中的"文化人"，理应养成阅读的良好习惯。

阅读犹如站在大师肩膀上前行，而一个人的精神发育史就是他的阅读史。一个没有阅读的学校永远不可能有真正的教育，读书是学生精神发育最重要的源泉，是教师专业成长最根本的途径，是教育最本质的活动。没有阅读就没有个人心灵的成长，就没有人的精神的发育。阅读不能改变人生的长度，但它可以改变人生的宽度和厚度。阅读不能改变人生的物相，但它可以改变人生的气象与品质。作为教师当然要有选择性的阅读，如读一读教育教学杂志——《人民教育》《中学语文教学》《中学语文教学参考》《课程教材教法》等，可以把握最新动态；读一读教育教学专著——魏书生的《教学工作漫谈》《种好心田——魏书生与陶继新的幸福教育》，李镇西的《我的语文课堂》《我的教育思考：李镇西30年教育感悟精华》，余映潮的《余映潮的中学语文教学主张》《这样教语文——余映潮创新教学设计40篇》，肖川的《教育的智慧与真情》《教育的理想与信念》，斯宾塞的《斯宾塞的快乐教育》，王荣生的《语文科课程论基础》《语文课程与教学内容》，《苏霍姆林斯基全集》，帕克·帕尔默的《教学勇气》，联合国教科文组织的《学会生存》《教育的使命》《教育——财富蕴藏其中》等可以汲取专业养分；读一读哲学人文书籍——《孙子兵法》《学习与教学》《学习的条件与教学论》等，可以厚实自身的底气；读一读亚米契斯的《爱的教育》，可深知这是教育的根本；读《名人家训》不仅可以教育好自己的孩子、自己的学生，还可以更好地引导家长配合自己教育好孩子；读《教育学理论》《美学教育》可以有方向地组织教学，更可以很艺术地组织教育教学；读一读《哲学研究》可以让我们在组织教学语言时更严谨更有逻辑性；读一读《四书五经》等经典书籍，可以使我们讲课时能引经据典，说话有力度……读些适合自己的书能让自我宁静致远。一个好教师不光是靠培训造就的，更不是靠检查、评比、竞赛造就的。做老师的确很苦很累，各类名目繁多的学历进修、培训、活动，自由发展的空间已被剥夺殆尽，自己的"书"却没有读。这种过重的外在负担常常导致"肤浅后遗症"。我们应该围绕自己的特色钻研下去，深化、细化，创造属于自己的心灵财富，在浮躁的现实中寻求一份属于自己的宁静心境，并置身其中朝着理想的目标默默努力，静静地成长。

"粗缯大布裹生涯，腹有诗书气自华"，饱读诗书，可使人气质高贵，气宇轩昂。

是的，阅读可以摈弃我们身上的俗气，更能够净化我们的心灵；阅读不仅可以积淀文化内涵，更如同蜜蜂采得百花蕊粉后才能酿出香甜的蜜一样。亲爱的朋友们，让我们能真正沉静下来的莫过于那一篇篇充溢着真善美的作品：那散文，如雨露，如琼浆，如盛夏的一块雪糕滋润着我们那干渴的口舌，是那么让我们爽朗，让如同逃离了凡世的我们拥有一片恬静的温软的世界；那教育理论，如航标，如灯塔，如夜行者看到天空中悬挂着的一颗明亮的北斗七星，让我们有了前进的方向。

和谐环境是沃土　孜孜以求铸成长

多年以来，阜南二中设法为老师的专业发展创设和谐的校园文化环境，尤其是立足校本教研积极推进实施科研兴校战略，积极探索教师专业化发展的革新策略，使得我校教师专业化发展呈现出令人欣喜的态势。下面就我校如何立足校本教研，如何创设和谐的校园文化氛围，浅谈一下我的点滴体会。愿在与你一起分享的过程中，产生心灵的共振。

一、营造浓郁的校园文化氛围，促进教师专业化成长

若让教师自觉提高专业化发展的积极性，首先是要让每一位教师都能心情愉快地工作。打造和谐、进取的团队无疑是教师专业化成长的良好土壤。为此，我校围绕"以德育为首、以学生发展为本、教师发展第一、遵循教育规律"的办学理念，把建设和谐的校园文化作为立校之本，努力追求人性化的管理，让生活在其中的教师身心舒畅，对学

校产生归属感与依恋感——爱校如家，从而全身心地投入到教育教学工作中去。论文《"和谐发展"为学校文化建设插上理想的翅膀》就是对这方面的理论阐释：（1）明确团队发展目标，激励教师进取。一是有团结协作、顽强拼搏、永不服输的精神。二是树立为国家培育英才的崇高教育理想；树立成为名校、名师的个人成长规划。三是学习"学高为师、身正为范"的职业道德（并将这八个大字镌刻在学校办公大楼上，时时警示老师），学习市场竞争机制中一丝不苟的敬业精神，学习现代的教育思想和理念，如"请进来"（请名师、专家到校讲学），"走出去"（到江苏、上海、山东、河北等地的学校学习参观）。四是争做研究型、学者型的教师，争做教育教学艺术殿堂的主人公，争做教育教学的创新者，争做一专多能的省、市骨干教师。五是用智慧和爱心品读每一位学生，做学生成长的引路人（我校于2007年就成立了心理咨询室"心雨苑"），用热心参与教育教学活动，将激情体现在每一个育人的细节中；用恒心去学习，塑造个人的教育教学特色，尽显人格的魅力。（2）用真心换真心，使教师心情愉快地工作。我们教师能在实际工作中以心唤心，各个学科组创设一个真诚沟通与交流的环境，老师之间相互理解、相互沟通、相互支持。与此相应的，学校对教师的肯定也以团队为导向，在肯定科组整体的提高中肯定个人。多年来，通过"同课异构""教师基本功大赛""教师素养大赛""导学案编写大赛""一师一优课"晒课等活动，组织教师磨课、听课、评课，各科组形成了良性循环的内部发展动力，全校上下营造了和谐、进取向上的氛围。

二、注重教育科研，促进教师素质提升

教研组是开展木教研的重要载体，也是教师专业化发展的依托。从某种意义说，教师专业化发展的愿望是否强烈，专业化发展速度的快慢，教师之间专业化发展水平的差距能否缩小，都取决于教研组活动的质量与水平。因此，一直以来，我校把加强学校教研组建设作为校本教研的基础工

程来抓，以此促进学校教师整体发展。在学科教研组建设中，我校已形成了自己的优势：一是发展目标明确，学科优势互补。各学科优势各异，形成了互相促进，互相协调，和谐发展的良好局面。如语文组善于捕捉教育教学信息，有改革意识，并且教育科研能力较强，已成为学校的龙头学科。语文组已有四项省级课题和四项市级课题顺利结题，如省级课题《家长素质及其管理方式对学生心理健康影响的研究》《学校文化建设与中学素质教育的研究》《皖北贫困地区学校文化建设与提升教育教学质量关系的研究》《网络环境对学生健康影响的研究》和市级课题《区域教师有效研修途径与方法的研究》《农村初中大班额教学问题的对策研究》《欠发达地区省市级示范高中高效课堂教学模式研究》《课程改革与学科教学模式创新的研究》等都已经成功结题，并有两项研究成果获得"安徽省课程改革教育教学成果奖"。二是同伴互助，分享交流，促进群体和个人的同步发展。常言道："一枝独秀不是春，万紫千红春满园"，故此，各学科达成了"同伴互助，分组交流，让每一个教师在不同程度上有发展"的共识。科组里，无论是老教师，还是年轻教师，不管是骨干老师，还是正在成长中的教师，都有一股好学向上、勇于创新的拼劲。他们互帮互学毫无保留，新老教师主动结对，交流教学经验，分享教学故事，解决教学困惑；一人出课众人帮着磨课、评课，一位教师成功了，其他教师也由衷地给予称赞。他们主动学习又诚于分享。三是倡导"案例研究与反思实践"。如倡导师徒、同年级教师同备、同上一课，举行"同做一张卷 师生共成长"活动，并及时进行总结和反思，交流心得，改进教学教研，从而快速促进了教师在反思与实践中成长。四是倡导"学习与竞争"，提升科组的整体实力。主要体现在：（1）乐于争取机会学习，善于与同伴分享心得。（2）锐意进取，不满足于现状。学校每学期派教师外出学习、培训达50人次，每次学习后都组织交流活动：把学习体会上报学校进行交流与分享，以科组形式组织研讨，以讲座和示范课形式传递最新信息。

三、注重加强教师发展规划，促进名师队伍发展

　　注重打造名师是我校校本教研的一个亮点工程，也是我校探索教师专业化发展的有效途径。我校在教研组建设中注重教师专业成长规划，注重名师队伍的打造与组建，让名师工程落地生根。为此，我校多年来就特别注重培养名师，注重专业引领。每学期开学之际，学校安排有名望有经验的老师和成功班主任在学校大会议室作专题报告，做经验介绍，让名师尽显个人教学魅力，以其教学思想指引全体教师成长。同时，时时注重教师专业发展规划的阶段性评估——我校每学期按照已经制定的评估规则，公平公正地进行"十佳教师""优秀教师""教学能手""先进个人""优秀班级""优秀班主任""优秀教案""优秀教学教研论文"等荣誉的评比，按照不同的等级给予奖励，这激发了教师工作的积极性、主动性、趣味性，有效地促进了教师的专业化发展。

课题成果

　　如：我校语文科组认真研读《语文新课程标准》，明确了语文课堂教学要实现工具性和人文性的和谐统一；要为提高学生的终身语文素养服务。但在课程改革实验过程中，不少老师无法正确处理工具性和人文性统一的问题，课改陷入了困惑。我以李商隐《锦瑟》和《解读高考文言文试题》两课的教授为例，为语文教师引路。语文老师说："这才是语文的味道，在这样潜移默化的学习中何愁不能提高学生的语文素养。""这节课实现了工具性和人文性的和谐统一，突出了语文学科的特点。"

诚然，教师的成长关键是靠自己，因为成长是无法替代的，但成长离不开研究和实践的土壤，更离不开同伴的相携和名师的专业引领。让我们携手共进，团结互助，互相切磋，酝酿出更多的教学教研的智慧灵光，运用反思的方法改进教学，在反思与实践的互动中不断成长。

教坛雨露

学习·教育艺术·成长

　　我自毕业以来，一直从事初中、高中语文学科的教学，在教育教学实践中，不断地探索、钻研、学习，使自己的业务素质不断提高。在教育教学中，工作成绩突出，受到学生的欢迎，得到了领导和同事的一致好评。为此，我也为自己能够从事这一神圣的职业而感到无比的自豪。教师是人类灵魂的工程师，我有幸成为其中的一员，我将尽我所能，干好这一神圣的职业。

一、不断汲取新的知识营养更能促进自我成长

　　教师是育人第一线的主要劳动者，教育方针和政策主要靠教师来贯彻执行，教育和教学任务主要靠教师来实施完成，学生的成长主要靠教师来引导培养。教师的职业特点决定了教师必须具备良好的素质和高尚的情操，教师素质包括品德素质、心理素质和文化知识素质等方面，其中文化知识素质是

教师从事教育和教学工作最基本的素质，它包括各种科学文化基础知识、专业学科知识、教育科学和心理科学知识。

我认为素质教育的关键是培养一批高素质的教师，而提高教师素质的途径关键在于教师自身的继续教育。为了适应现代的素质教育，我积极主动自学有关教师素质的理论书籍，借鉴学习别人的先进经验。通过接受培训和自学，转变自己的教学观念，用全面的素质教育观取代传统的知识教育观，用科学的观念去科学地指导素质教育实践；不断提高自己的综合素质，使自己具有良好的道德素养、心理素养和过硬的专业基础知识；使自己具备各种能力素质，如组织管理能力、科研能力等；使自己系统地了解教育学、心理学的基本原理和最新研究成果，了解学生身心活动和发展规律，确立正确的教育观和方法论，以便掌握科学的教育方法。

实践证明，只有不断提高自身的素质，才能更好地投入到现代新型的素质教育工作中去；才能适应新形势的发展，培养出全新的合格的人才。

二、注重与时俱进，让教育更艺术更出彩

"我不是你的老师，只是你的一个旅伴而已。你向我问路，我指向我们俩的前方。"教育是需要艺术的，教育艺术究竟意味着什么？仅指教法的技巧、组织教学的高妙吗？抑或是教学语言的风趣幽默，以及教学内容的丰富精美？

教育首先是一门影响人的艺术，教育艺术的关键在于对"人"的高度关注。因为，教育者是人，教育对象也是人，教育的内容是人类文化的结晶，教育的手段是人类教育实践的产物。所以，有教育者戏称：教育的本质就是人的本质。

每个学生都是一个世界，教学是教师与学生两个世界之间的对话，是心灵与心灵的碰撞。目中无"人"的教育，注定是失败的教育。教育能否达到理想境界，在于它对"人"的关注程度的高低。因此，教育艺术的土壤是教育者的爱心。只有热爱学生的教师才会发现，即使一向不起眼的学

生有时也会冒出奇异的思想火花。爱心可以使课堂气氛和谐融洽，师生配合默契，能够收到了意想不到的教学效果。在实际的教学活动中，我始终以一颗真诚的心对待学生，不放弃任何一个学生。

教育艺术又表现在教师的平等意识。教师必须平等真诚地对待学生，这才能受到学生的尊重和喜欢。教育教学过程是一种心灵互动的过程。师生在一起共享知识，共享智慧，共享精神之美。教师对真理的追求是真诚的，对学生的表扬、批评是真诚的。陶行知先生说过："千教万教教人求真，千学万学学做真人。"

我在上课介绍文本的写作背景时，曾与学生分析过鸦片战争，讨论过共产主义"按需分配"的社会背景；上《父母与子女之间的爱》时，我曾就父亲对儿子给的忠告发了一番感慨……我发现，当教师把整个心灵袒露在学生面前，教育效果往往很好。而当我对某一问题感受肤浅只是照本宣科的时候，我觉得自己的语言是干瘪的，学生的反应是冷淡的。我是把上课作为同知心朋友谈心对待的。

三、带着情感教学，让待优生踏上想学的征程

教师的神圣职责是教书育人，教育每一位学生，不让一位学生掉队。虽不能让每个人都能成长，但一定要让每个人都能成为健全的人。现在倡导的是素质教育，但由于社会环境的影响，许多学生厌学，基础差，学习积极性不高，也就是所谓的"双后进生"，如何转化这些后进生，是每一位教育者需要考虑的问题。我的经验是注重情感教育，多作鼓励性的评价。

在教学中，教师的一个信任的目光，一个赞赏的微笑，一个肯定的点头，都会给学生带来莫大的精神力量；相反，一个轻蔑的目光，一个冷漠的眼神，会给学生带来巨大的精神压力。情感在转变后进生工作中的力量不容忽视。每一个后进生因优等生给自己带来的压力，为寻找一种对等的平衡，为体现自己在集体中存在的价值，更强烈地需要教师的关心和注意，更强烈地需要展现自己的长处和优点。金无足赤，每位优等生身上也

有瑕疵；寸有所长，每位后进生身上也会有闪光之处。教育工作者要善于发现后进生身上的长处，并以此作为他们转化的突破口，打开他们学习动力的闸门。

同时，对后进生我们要多作鼓励性的评价，在他们成绩稍有进步时或表现稍好时给予较多的肯定和鼓励，帮助他们看到自己的长处，使他们认识到，只要严格要求自己，努力学习，完全能学好任何一门学科，让他们知道老师并没有遗忘他们，老师时刻关心他们并期待他们的又一次成功。

教育者和受教育者时时需要沟通，受教育者也需要尊重和平等，只要我们这些教育者付出情感，尊重并时刻鼓励这些"后进生"，定能转化他们，把他们培养成具有健全人格的优等生。

四、勤奋努力，创造教育教学佳绩

在领导的栽培下，在同事的帮助下，我经过努力，在教学中，先后取得优异的成绩，受到学生的欢迎，得到了领导和同事们的好评。

这些成绩只能代表过去，我将继续努力，在教育教学中，不断探索、钻研，让自己不断进步、不断创造教育教学上的佳绩，争做一个优秀的人民教师。路漫漫其修远兮，吾将上下而求索。

我愿意是蜡烛，哪怕燃尽最后一滴泪水；我愿意是粉笔，哪怕撒尽最后一粒粉尘。因为我是人民教师。

采得百花酿甜蜜

阅历是人生的一笔难得的宝贵财富，人生阅历对教师的专业成长及其重要。正所谓"不经历风雨怎能见彩虹""宝剑锋从磨砺出，梅花香自苦寒来"。

一、不断进取，才有可人的"源头活水"

一个合格的教师，首先要学历达标。以前在教育界流行一句话：教师要给学生一碗水，自己必须要有一桶水。随着时代的发展和社会的进步，知识更新越来越快，保持不前其实就是落后。所以，要想把自己的课教得驾轻就熟，得心应手，必须补充自己的"能量"。假如我们是"奥特曼"，没有能量的话，我们就走不了多远。

我们作为老师应居安思危，把眼光放远一点，不能只吃老本，得过且过，教一天是一天。做人要对得起自己的良知，教学更要精益求精，正所谓追求永不止步，进步永不停息。我在代初中课程时，恰好教了三年（初一到初三），这对我之后的高中教学至关重要，它使我的语文基础知识掌握得更扎实了。

后来因教学成绩出色，我任教高中语文。"学然后知不足，教然后知困"，教学相长的道理我们都深有体会吧，高中的课堂，比起初中的课堂少了一些组织教学的时间，但需要备课充分，要想取得较好的教学效果，非得下一番工夫不可。除了精心备课之外，还要有理论指导，具备扎实的知识。所以鉴于此，我积极在安徽师范大学中文专业进修学习，认认真真，从不敷衍了事。期间我涉猎了中外大量的名著，研读了一些有关语文教学的专业理论和教学实践的书籍，苏霍姆林斯基、魏书生、李镇西等老师的教学方法和教学实践对我影响很大，从中我受益匪浅。

二、与时俱进，用最新课程理念武装自我

课堂教学的效果直接影响着学生的学习成绩。教师要追求常教常新，不能一套教材教三年，老生常谈。教师要做学习型教师，教中学，学中教，还要推陈出新，领异标新，这就需要教师具备智慧的大脑、扎实的基本功、强烈的上进心及一定的教学艺术，并不断汲取新课程的理念武装自我。

俗话说："教学有法，但无定法，贵在得法。""有法"体现了教学的科学性，教学是有规律可循的；"无定法"则体现了教学的艺术性；"得法"则体现了教法的灵活性、实用性。实践证明，上一节语文课容易，而要上一节精彩的语文课，那可就不容易了。所以，作为语文教师，我们应当"不求最好，只求更好"。

这些年我通过不断探索，积累了一些教学上的心得和体会。下面我结合自己的教学经验，从以下三个方面谈谈自己的教学感悟。

（一）注重艺术语言，使得语文课堂有内涵

教师在授课时，教学语言很重要。有的教师上课，语言清新机敏，犹

如涓涓细流滋润学生的心田，听这样的课有如沐春风的感觉，觉得是一种享受。有的教师上课，语言枯燥，味同嚼蜡，听者昏昏欲睡，毫无兴趣，心里渴望早点下课。为什么会有如此大的差别呢？其中的一个重要原因是教师语言组织能力有高低之分。

战国时期的思想家、政治家、教育家孟子说："言近而旨远者，善言也；守约而施博者，善道也。"《学记》中说："善歌者，使人继其声；善教者，使人继其志。其言也约而达，微而臧，罕譬而喻，可谓继志矣。"苏霍姆林斯基也曾说："对于语言美的敏感性，这是促使孩子精神世界高尚的一股巨大力量，是人类文明的一个源泉所在。"

从上面的话里，我们不难看出，教师教学语言的重要性。语文课堂上谈笑风生、妙语连珠、书声琅琅、掌声阵阵都是我们教师追求的一种境界，可是有的老师能够驾轻就熟，有的教师却做不到。

我在多年的教学生涯中，逐渐形成了一种幽默的教学风格。说起来容易，真正做到可不容易，正所谓"冰冻三尺非一日之寒也"。我也是花了大力气，借鉴了好多名师的讲课风格，逐渐养成的。在授课时，教师时不时地用幽默的话来调控一下课堂气氛，那效果可就大不一样了。

教师如果能掌握调控课堂气氛的主动权，就可以化枯燥为生动、化平淡为神奇。例如，在讲《论语十则》一课时，我这样给学生导入新课："火之光，电之光能照亮世间的道路，思想之光能照亮人们的思想，谁是世界上最伟大的思想家呢？联合国教科文组织确定了全世界最伟大的十位思想家，例如牛顿、哥白尼……谁知道这十位思想家谁排在第一位？（可让学生稍作议论）他就是我们中国的孔子！"这么一说，学生学习《论语十则》的兴趣一下子就提高了。然后，趁机因势利导，介绍完孔子后，教师先讲几则，然后让学生试着讲几则，如果讲得好，则不失时机地用赏识性的用语表扬一下。如：很好！/非常好！/OK！/你真是太有才华了！/真棒！/真是奇思妙想呀！/真乃天籁之音！/你太有水平了！/我们为你点赞，我们是英雄所见略同呀（哈哈）/真知灼见呀！/此语只应天上有，人间难得几回闻……

如果讲得不怎么好，教师也要抓住他（她）的闪光点表扬且鼓励一下。比如：你讲得还不错，想一想还有要补充的吗？/谁敢来试一试？/不错！虽然讲的不是很完美，但是他（她）是第一个敢吃螃蟹的人！/勇气可嘉，值得表扬！/谁敢回答这个问题？勇做第一个吃西红柿的人？/我期待着更多像某某这样的学生出现，你们可不能让我失望哟！/哇噻！能讲到这一步，就已经很不容易了，离成功只有一步之遥了，你能再迈出这关键的一步吗？我们大家相信你，请给他（她）来点掌声鼓励一下！……

这些都是我在讲课中使用频率较高的口头语，适当地使用（切勿滥用）确实可以调解课堂气氛，让学生学得轻松，教师教得轻松，何乐而不为呢？我发现所有的激励性、赏识性的语言中"OK！"是最受学生欢迎的，"你太有才了！"次之。

另外，在教学实践中，我认为教师要与时俱进，语言就不能太落伍。比如，一些经典的广告词，小品中的流行语等，偶尔用之，效果也不错，不过使用恰当才好。如：没有最好，只有更好/为什么呢？/口服心服！/世界上最宽阔是大海，比大海更宽阔的是天空，比天空更宽广的是……（学生可能立即回答：洋河蓝色经典，男人的胸怀。全班大笑，气氛立即轻松多了，不过不要紧，笑过之后大家都会记住的，教师这时也要及时点拨。）

一些经典的俚语、俗语、谚语、歇后语、名言警句，恰当地运用在教学中，能收到幽默的效果，甚至让学生终生难忘。我平时很留心这方面材料的积累。不知什么时候，在某种场合下，恰如其分的用一两句话，学生会认为"老师，你太有才了！"（切记，不可卖弄哟！适可而止。）我使用频率较高的是：是金子，总有闪光的时候/机遇只给有准备的人/用知识武装起来的头脑是不可战胜的/付出不一定有回报，但不付出就绝对没有回报。我也确实比较欣赏这些有哲理的话。学期末，学生告诉我，他们记录下的我引用过的有哲理的话近千条，连我自己也感到十分惊讶。这些看似幽默的话，只要充满智慧、哲理，运用得恰当，就会有利于提高学生学习的积极性和主动性，从而产生极大的学习动力，学生可以收获着被赏识、被理解、被信任、被尊重和成功的喜悦，于是更加爱学语文了。

所以，幽默，语文课有我更精彩。

（二）精神饱满时而激情，语文教学更高效

同样是普通的课堂，有的老师视为畏途（怎么又该我上课呀！烦死了！）；有的老师则视为乐园（哈哈！又是我的课，今天上得真过瘾！我就属于这种，呵呵）。同样是一篇文章，一位老师讲，学生学得兴趣盎然，忽而眉飞色舞，忽而屏息凝神，忽而"手之舞之足之蹈之"，觉得上课是一种精神享受。换另一位老师讲，学生学得索然无味，忽而闭目瞌睡，忽而惊觉欠伸，忽而目光呆滞，上他（她）的课简直成了受罪。这是什么原因呢？我认为其中最主要的是看执教者上课有没有激情。

饱满的精神，是点燃智慧的火花，是开启情感之门的钥匙，是生动地上好一节课的关键因素。

我们往往听了某人的课后，认为他（她）上课有激情，激情澎湃，学生有热情，热情高涨，课堂气氛非常活跃。这样的课无疑是成功的，让人难忘的。

忽又听了某君的课，觉得重难点突出，问题引导得法，教学环节紧凑，但就是觉得少了点什么，犹如一盘好菜，色、香俱佳，唯独淡了点，再加点盐就更完美了。那么，究竟缺憾在哪里呢？——是没有激情！这样的课虽成功，但不生动，不够精彩。

一句话有多种说法，同一句话，会说的把人说得笑起来，不会说的，把人说得跳起来。富于变化的声音，显然更容易激发学生的学习兴趣。

有激情，其实是情感的投入，加上语调的抑扬顿挫，教法的灵活多样。学生也好，老师也好，其实都喜欢听别人抑扬顿挫的讲话，喜欢听别人疏密相间的发言。如果每句话，每个字都用平均速度，不仅听的人容易疲倦，讲的人也容易感觉累的。

读苏轼的《念奴娇·赤壁怀古》、李白的《将进酒》，能激情朗读；读李清照的《声声慢》、柳永的《雨霖铃》，也一样可以有激情。激情有时是"飞流直下三千尺"，有时是"小桥流水人家"。鲁迅先生的老师寿镜吾先生

读书到动情处"总是微笑起来，而且将头仰起，摇着，向后面拗过去，拗过去"，是激情；韩麦尔先生在最后一堂法语课上"感情激动，连声音都发抖了""哽住了""说不下去了"，这也是激情。

激情，它来自自信，来自信任，来自参透文本，我觉得更重要的是来自爱心。只要爱学生、爱语文、爱教育、爱祖国，就能把语文课上得有激情。

所以，激情，语文课有我更精彩。

（三）充分利用网络，让语文课变得更高效

网络，这个上世纪的新生儿，本世纪的宠儿，自从有了你，世界不再很大，变得触手可及，人与人之间沟通无极限。鼠标轻轻一点，世界风光即在眼前。但是，我们知道，网络也是把双刃剑，能给你带来无限知识，却也会伤害你。所以，有人说，你爱一个人吗？那就叫他上网吧——因为那里是天堂；你恨一个人吗？那也叫他上网吧——因为那里又是一个地狱！说得多经典呀！所以，网络让我欢喜让我忧，"知我者谓我心忧，不知我者谓我何求"。

作为语文老师，我非常喜欢网络，当然我不会沉迷于网络游戏，只是工作之余，劳累之后，下下五子棋、中国象棋而已。我从网络上得到的知识远比从其他任何一种媒介得到的多，只要你有不会的，尽管在网上"百度一下"，没准儿让你惊喜多多，在"更多搜索"里，让你尽情取舍。在网络天地里，我发现了"中学语文教学资源网""语文学科网""无忧无虑中学语文网"等，就像一个在海边捡贝壳的孩子，面对突然发现的这么多美丽的贝壳一样，欣喜若狂，如获至宝，但是，最终我还是沙里淘金，通过对比、取舍，我选择了"无忧无虑中学语文网"。只要你免费注册，即可终身拥有，我是"一旦拥有，别无所求"，它给我的教学带来了极大的方便，我现在觉得如果没有她，我就会迷失方向，找不到通往成功之门的道路。我是不是有"网瘾"了呢？如果有，我认为这绝对不坏，那是我对教学的敬业、执着，因为我喜欢她——语文。作为一个教师，我追求每一课常教

常新。一课教十遍，都是千篇一律，你想，那烦不烦呀，自己都讨厌了，还能讲好吗？还会有激情吗？学生能愿意听吗？愿意才怪呢！

随着经济的发展和科技的进步，人类已经步入了信息化时代，跟不上时代的脚步就要落伍，就要遭淘汰，这是规律。我们学校虽然有两个多媒体教室，无奈"僧多粥少"，班级太多，学科太多，必须提前预约，有时提前一周还不行，可见大家都在争先恐后、积极向上、与时俱进，这是个好事儿。2009年，我到阜南县柴集镇支教，我所支教的学校，县教育局免费安装了远程教育设备和多媒体教室，于是乎"天高任鸟飞，海阔凭鱼跃"，我也找到了感觉。别人不会用，我用，并教会其他人，真正做到了"下乡支教"。一有机会，我就带学生到多媒体教室上课，校长调侃说："我们就是给你安的。"

平时，我对每一课都精心准备，博采众长，制成课件，存在自己的U盘里，随身携带。例如，在教授《核舟记》一课时，我采用多媒体展示，学生能直观地看到核舟的模样，鲁直、佛印、苏轼所在的位置及舟上的文字，学生对我国劳动人民的精湛的技艺叹为观止，这远比直接讲授效果要好得多。当我教授徐志摩的《再别康桥》时，我带着学生陶醉在濮存昕朗诵的《再别康桥》中，带他们看康桥的柔波，看康桥的金柳，看康桥的夕阳。在我讲授《林黛玉进贾府》时，把学生自己的创意结合到课堂上来，让学生们认识了不同人眼中不同风格的林黛玉。他们看着自己的作品，才真正认识到自己眼中的黛玉和《红楼梦》中黛玉的差别。我力求把我的语文课教授成既有诗情画意又有丰富知识量的美育课。当同学们的脸上露出满意的笑容，眼里发出感激的光芒的时候，我也感到兴奋、激动和自豪。所以，学生都喜欢上我的课，两天（双休日）不见，有学生说如隔六秋。我喜欢用多媒体上课，是因为多媒体容量大、信息量多，能提供生动逼真的画面和动听的音乐，可以使原本枯燥抽象的教学内容变得生动、清晰直观，使学生有兴趣参与教师的教学活动，这样有助于发挥学生的主动性，培养学生的学习能力，优化学生的学习效果，促进学生的发展。但我决不乱用滥用，而是根据需要选用。

另外，我还建立了自己的博客，把网址告诉学生。那里有精美的文章和有趣的知识点，都是学生感兴趣的内容，是专门为他们准备的。我还通过QQ语文讨论群等平台和学生交流，正确引导他们从多方面获取知识，告诫他们不要沉迷于游戏。我还告诉他们，只要态度端正，只要勤奋，他们可以用键盘接触世界，用网页解释生活，用鼠标点击未来。

所以，网络让语文课变得更精彩。

三、以身示范育桃李，采得百花酿甜蜜

只教书不育人，充其量只能算是个教书匠。一个优秀的教师既要教好书，又要育好人。做人比做学问更为重要。学习不好，但只要人格高尚，最多是"次品"，学习好，但人格有缺陷，那可就是个"危险品"了。教书、育人是一门艺术。教书，我们做到"捧着一颗心来，不带半根草去"即可；育人，我们则要"千淘万漉"，方能"吹尽黄沙始到金"。

"打铁还得自身硬"。教师高尚的人格魅力，乐观的心态，善良的性格，对学生健全人格的培养能够起到潜移默化的作用。我当初就是受到了初中一位老师的影响，才选定了教师这个职业的，现在我把教学当做事业来看待，只要一走进课堂，激情就来了，学生也无形中受到感染，这样的教学效果能不好吗？

学生经常说："老师，你整天微笑挂在脸上，你很阳光啊，我们也被你感染了！"还有学生说："老师，今天晚上是你的晚自习，你看咱们班到的齐不齐？"我眼光一扫，的确几乎是座无虚席。有的要问，你阳光、乐观的心态源自何处？赵朴初的《宽心谣》说得好："日出东海落西山，愁也一天，喜也一天；遇事不钻牛角尖，人也舒坦，心也舒坦。"说得多到位啊，你还有什么理由不乐观吗？

教师的身教胜于言传，德高为师，身正为范，教师要加强自身的修养，培养良好的职业道德，育人才起作用，有效果。

四、走出去锤炼自我方能常教常新

在二十年的教学生涯中，我只要有机会，哪怕自费也要听一听，学一学，借鉴名师、优秀教师的成功经验无疑是条捷径。平时我积极参加集体备课和教研活动，充分利用网络资源，深钻博览，汲取营养，向有经验的老师学习，取长补短。走上了由普通教师—优秀教师—教学名师—专家型教师的成长之路。

"雄关漫道真如铁，而今迈步从头越。"我现在依然在教师岗位上默默无闻地工作着，前面的路还很长，需要学习的知识还有很多，我努力使自己向学术型教师转变，在教科研道路上有所成就。当然，这些点点滴滴、平平凡凡的成绩，离我既定的目标还很远，我决心不断努力，生命不息，耕耘不止。

第三篇　方法探秘　铸就高效

厚重积淀铸就华美篇章

——谈如何写好作文

写好作文靠综合素质。要求我们在平时不仅需要多注意修身养性，注意培养自己的高尚情操，注意留心观察生活，做个生活上的有心人，还要求我们多注意收集整理提炼，把有益于我们写好作文的好的思想、好的句段、好的方法和技巧沉淀下来。如果能持之以恒、日积月累，就会写出一篇篇佳文美章来。

一、培养学生健康的思想、高尚的情操及多种能力

1.培养学生健康的思想、阳光的心态、美好的情操，教导学生与人为善，这些是写好作文的根本。就如同农民种地，只有在肥沃的优质土地里播撒种子并对出土的幼苗进行精心呵护才能收获累累硕果。

2.培养学生学会观察生活、感悟生活、提炼生活的能力，做一个生活上的有心人。一个善于观察

81

生活的人方能才思敏捷，才能通过事物的现象看本质。一个善于感悟生活的人，才能悟出生活的道理，写出较有哲思的佳作来。一个擅长提炼生活的人，才能写出精练的美文佳句来。

3.通过平时的语文教学和集体活动，培养学生关心他人、关心集体、热爱祖国的情怀。一个心怀祖国、想他人之所想、急他人之所急的人定能有写不完的生活素材，也无须教他怎么写立意高的作文。如被我们誉为"诗圣"的杜甫，就是因为有忧国忧民的高尚情怀，才有流传千古的名句"安得广厦千万间，大庇天下寒士俱欢颜"，才会感动了无数华夏儿女。

4.培养学生热爱生活、热爱自然的情怀。一个热爱生活热爱自然的人，因为有一个宽阔的胸怀，才能写出如"忽如一夜春风来，千树万树梨花开"的壮美意境的诗句来。

5.教导学生端正学习态度、生活态度、处事态度。态度端正了就会有正确的人生航行方向，就会沿着正确的人生轨道抵达理想目的地。有了正确生活态度、正确人生理想的学生写文章就不会离题，就会有与时俱进的思想主题，就会有时代感——充满时代气息，与时代合拍。

二、培养学生扎实的写作基本功

培养学生写一手好字——字是我们文章的"门面"，如果我们字写得潦草，文章写的再好也没有读者（尤其是阅卷老师）愿意读下去的。

学会收集材料，积累丰富的作文材料。常言道："巧妇难为无米之炊"，很多擅长写文章的高手文思敏捷，很重要的原因就是他们脑海里有一个材料库。作家秦牧说："一个作家应该有三个仓库：一个直接材料的仓库装从生活中得来的材料，一个间接仓库装书籍和资料中得来的材料，另一个就是日常收集的人民语言的仓库。有了这三种，写起来就比较容易。"这段话中说的前两个仓库正是同学们写好作文应必备的。

1.积累从生活中得来的材料。随时捕捉思想的火花，也就是灵感，并及时记录下来，最好的方法是坚持写观察日记。正如老舍所说："你要仔细观察身旁的老王或老李是什么性格，有哪些特点，随时注意，随时记下来……要天天记，养成一种习惯。刮一阵风，你记下来；下一阵雨你也能记下来，因为不知道哪一天，你的作品里需要描写一阵风或一阵雨，你如果没有这种积累，就写不丰富。"

2.积累书籍和资料中得来的材料。一方面靠课内阅读，把语文课堂中的阅读和写作结合起来；另一方面还要靠课外阅读，坚持写摘录式的读书笔记。如果每段摘录用一张纸片，就是读书卡片。俗话说："好记性不如烂笔头。"记忆力再强，时间长了，要记的内容多了，总会遗忘一些。如果一边读书，一边把认为很精彩的内容摘录下来，不仅能避免遗忘，而且翻阅起来也很方便。持之以恒地摘抄名言警句，随时捕捉住思想的火花。一般来说，精彩警策的语句，生动形象的描写，新颖深刻的观点，活泼有趣的对话乃至优美的词语，都可以分类摘录。如关于写好"爱心"话题类的作文，我们就应收集关于写爱心的优美句子来，"爱心是沙漠里的一泓清泉，使濒临绝境的人重新看到生活的希望；爱心是一首飘荡在夜空里的歌谣，使孤苦无依的人获得心灵上的慰藉；爱心是一场洒落在久旱的大地上的甘霖，使心灵枯萎的人感到情感的滋润。"收集有关友谊的优美句子"友谊是天空中洁白的云朵；友谊是冰雪中纯洁的雪花；友谊是高山上茁壮的常青树；友谊是花园中美丽的花朵。"收集有关亲情的佳句"心灰意冷时，亲情是那给人以希望的梅花，看到它，一睹破万难；心烦意乱时，亲情是那释愁的一杯烈酒，喝下它，一醉解千愁；心满意足时，亲情是那催人奋进的号角，听见它，一声震百里。"为了以后查阅方便，在摘录原文的后面注明材料的出处也是必要的。不少同学写过摘录或读书笔记，但坚持写的不多。一项有益的工作半途而废是很可惜的。马克思写《资本论》，写过"摘要"的书籍多达1500多种；列宁写《哲学笔记》，直接引用的哲学著作多达数十种。像革命导师那样，坚持写摘录式读书笔记吧，它能使你成为聪明、充实、富有的人，能使你今后写作时文思敏捷、笔下生花。

三、写一篇好作文需掌握必要的写作技巧

就如同裁缝想做一件漂亮合身的衣服一样，不仅要先选好布料，还要设计好款式，讲究刀功技巧和手法。提高作文分值的"六个一"：一个含蓄而深刻的题目、一个精彩的开头、一个疏密有致的段落布局、一个优美的片段描写、一个完美的结尾、一个清爽的文面。具体如下：

1.学会审题，领会出题意图。学会破解题意：为什么、怎么样、结果如何（也即这样做的价值如何）。如以"自信"为题目或话题的作文，如果我们在考试时，不知如何下笔，按照"破题"三部曲的步骤来做就不会卡住：我们为什么要自信，怎样自信（或者怎样做才算自信），自信的结果或价值如何。那么，就会解除写不下去的尴尬和无奈。话题作文如此，材料作文（包括半命题作文）也可如此，如果用这三部曲式的"解题"思路，动笔前整体思路就会清晰，谋篇布局就能胸有成竹。

2.学会拟好标题。文章的标题就像龙的眼睛。眼睛有神龙会飞，标题有神文添彩。拟好标题的要求是简洁、新颖、生动、切合文意，能使人一看到标题就有读文的欲望。那么，拟好标题的方法有哪些呢？

（1）简洁而生动。简洁：抓住要害；生动：化无形为有形，化抽象为具体或化具体为抽象。如写关于友谊的作文，我们就可以这样拟题：《让友谊之花盛开》《友谊让我如此美丽》《友谊雨露滋润你我心田》《让友谊充满世间每个角落》《世界因友谊而更加和谐》《让我们架起友谊的桥梁》。

（2）运用修辞。如《忠诚：沟通友谊的桥梁》用比喻；《我与自信签约》用拟人；《榜上无名，脚下有路》用对偶；《越来越好》引用歌词等。

（3）用数学式。如《把0抛进太平洋》《8-1=0》等。

（4）直言事理。如《把自卑抛进太平洋》《上网，让我欢喜让我忧》等。

（5）反常求异。如《我想做个平常学生》。在话题作文中，可用原题，也可另拟，只要所写内容在话题范围内即可。若原题太大，可拟小些的题

目。如话题作文"以人为本"，可拟成《教学以生为本》等。

3.学会写好文章的开头。常言道："好的开头是成功的一半。"文章的开头就像凤的头。凤头美招人看，文头亮丽引人读。文章的开头要简洁，入题要快，语言要有文采，能使人一看开头就有想往下读的欲望。方法有哪些呢？

（1）引用诗词、歌词开头。如"'只要人人献出一点爱，世界将要变成美好的人间……'一听到这首《爱的奉献》，几天前在放学路上看到的那动人的一幕，就会浮现在我的眼前。"（《爱心》）；又如"'无可奈何花落去，似曾相识燕归来'每当我想起这句诗，眼前就不禁会浮现出那圆的脸，那笔下流动的圆，耳边又想起钱氏语文。"（《良师》）

（2）设置悬念开头。如"挂钟不慌不忙，有节奏的走着，滴答，滴答……都快要4点了，妈怎么还没回来？"（《担心》）

（3）写景状物开头。如"朝阳出来了，湖水为它梳妆；新月上来了，群星为它做伴；春花开了，绿叶为它映衬；鸟儿鸣唱，蟋蟀为它拉琴……天地万物都在向我们讲述着有关爱的故事。"（《关爱永远》）

（4）多用比喻排比句开头，会使文章语言生动。如写有关爱心的：爱心是沙漠中的一泓清泉，使濒临绝境的人重新看到生活的希望；爱心是洒在久旱大地上的一场甘霖，使孤苦无依的人即刻获得心灵的慰藉；爱心是春天里的一场细雨，使心灵枯萎的人感到情感的滋润。写亲情的：亲情如美酒，愈久愈香醇；如果你是一粒种子，亲情就是土壤，为你提供生长必要的养分；如果你是一株小草，亲情就是大树，为你张开挡风遮雨长臂。

4.学会写文章的结尾。文章的结尾应像老虎的尾巴那样，结实、有力。

（1）卒章显志法，即末尾点明文章的中心。可用抒情议论句直接点出文章主题。如"擦亮皮鞋，擦亮人生。"（《擦鞋匠》）；"人们，请选择好你的染缸，点染好你的生活！"（《生活如染缸》）。或引用诗词句点题。如一篇文章的结尾"人有悲欢离合，月有阴晴圆缺，此事古难全。"表达了师生间的依依惜别之情。或借用人物语言点题，如"不过，通过这次不平常的考试，我感到：一个人应该在别人困难时伸出援助之手。"（《汶川地震后的捐款》）。

（2）首尾呼应法。如"那天，阳光好暖，好暖……"（《那天，阳光好暖》）与开头的"一缕金黄色的阳光从窗口斜射在桌子上，照在信封上，那天阳光好暖啊……"呼应。

（3）描景写事法。如一篇题为《美丽的谎言》的结尾"我走向了他……"，以写事法结尾，点出了事情的结局。

（4）深化升华法。如"呈给你的儿子们，我的兄弟们，呈给大地上一切的，我的大堰河般的保姆和她们的儿子，呈给爱我如爱她自己的儿子般的大堰河。"（《大堰河——我的保姆》）；如写同学友谊，"愿我们俩的友谊如鲜花般盛开，更愿全天下的人们友好而和谐相处。"

5.立意要正确、集中、深刻、鲜明、新颖。写文章不是一定要立意出新，而是要抓住作文的魂。简单地说，立意最准确最符合大众化的才是最好的，出奇立意并不一定好，因为中华文化几千年，你绞尽脑汁想到的，前人早已了然于心，所以最重要的是语言，用简单凝练传神的句子将千千万万人的共同感想一语道破。

6.文章的结构要匀称。一般六七段比较适宜，开头四句半、结尾四句半，中间四五段。我们不少同学喜欢用三段式，这样就会让读者感到文章头小肚大尾小不协调的感觉。

7.运用好写作手法和表达方式。如设置悬念、伏笔、烘托、渲染、铺垫、照应、象征等；运用叙述、抒情、描写、议论、说明等表达方式；运用语言、动作、外貌、神态、细节、心理等描写手法；运用正面描写与侧面描写相结合。

总之，想写好一篇作文，就如同工程师架设一座经久耐用而又与周围环境协调和谐美观的桥梁一样，不仅讲究技术还要讲究艺术。好的文章不仅要求有内容（也就是可读性强），还要求语句美观、耐读耐品。这要靠我们平时多写多练多积累，要求我们做到"家事国事天下事，事事关心；生活自然人情，情情动人"。

注重联想　点燃学生学好语文智慧之火

学好语文，注重联想，可以让我们思维敏捷，可以帮助我们走出思维迷雾，更有助于我们冲出狭隘语文教学之窠臼。多年的教学，我学会了联想法教学，真的受益匪浅：借助联想，我的课堂不断出彩——开启了学生学会思考、善于思考的智慧之锁。

一、借助汉字"六书"去联想，帮助学生打开学语文的懵懂之门

记得初为人师时，我很注重夯实学生的基本功，于是乎就让学生多读多背多写，学生基础知识积累得很扎实，可是学生花费的时间和工夫较多。天天强调"同学们只要多读多写多背，我们的语文功底就会厚实"。这个道理浅显易懂，但时间一久，学生就会疲倦，甚至厌倦。当我复习课文时，学生觉得没什么复习的，就试着给同学们补充一点汉字的"六书"，同学们学习语文的兴趣一下子被激活了。

如对于"好"字，我先让同学们联系生活去理解这一会意字，同学们思考着、小声地斟酌着：对呀，我们的生活中有了"女"和"子（男）"才算好啊——一个家庭有女儿和儿子，父母是多么的幸福；生活中缺少了"男人"或缺少了"女人"，别说好了，我们的生活就会乏味，我们人类也将不复存在。

我们有些人为什么"穷"呢？就是这些人太懒了呀——可不，这些人将"力"藏在了"穴"中啊！我们国家发展到如今这么昌盛真的不容易呢？可不，刚刚解放的中国可谓一"贫"如洗的，为什么中国当时那么"贫"穷，我们一下子就会联想到我们的宝"贝"（钱财物）被鸦片战争时的外国列强"分"（抢夺）了去呀！被抗日战争时的日本"分"（掠夺）了去呀！被国内革命战争后的国民党反动派"分"（偷运）到了台湾去了呀！我们能不"贫"穷吗？宝"贝"被别人"分"走了啊！

古代劳动人民在创造"休"字时，联想到了生活：人走累了，需要靠在树旁休息。所以同学们在看到"休"字时很自然地联想到它的意思了；三个"水"在一起就是"淼"，启发同学们联想到"水多了就会浩渺无边"；日月同在就会联想到"明"；看到"尘"就自然联想到小土；刀口上的就很自然地联想到"刃"字；木的下部就很自然联想到"本"，所以"根本"一词的意思就不讲自明了……

在课堂上，我还经常运用多种形象直观的教学手段，调动学生的联想思维。如借助多媒体实物、表演等教学手段来帮助学生识字、写字，理解字词的意思，如学习"芬芳"的芳时，出示一簇鲜花，让学生闻一闻，亲身体验，然后学生就明白了"芬芳"一词的意思，是指花草的香气，也能帮助学生记清字形，"芬芳"是指植物的香气，所以用草字头。在讲"峨、娥、俄"时，我利用多媒体介绍了异国风情——联想到俄罗斯，我国的名胜——联想到峨眉山和我国的神话传说——嫦娥奔月。

学生通过欣赏色彩鲜艳的图片、聆听美妙动人的音乐，从而激发了学生学习语文的兴趣，同学们也乐于接受这些知识。其次，新课标中倡导自主、合作、探究的学习方式。我总是鼓励学生，使学生成为学习的主体，在课堂中充分体现师生互动、生生互动，发挥学生的主动性、积极性和创造性，营造和谐的学习氛围。如在课堂上，我将"山、水、日、月、田、木"等字写在黑板上，让学生去联想这些字在生活中的样子，我先让学生根据自己的联想在黑板上画出这些字的形状，然后，我再画出这些字的样子，并介绍我们中华汉字是来源于生活的，是古代劳动人民在生活、生产过程中根据生活体验创造出来的象形字，引导学生对祖国美丽的汉字产生浓厚的兴趣，这样学生对学习语文就自然产生了深厚的情感，语文教学自然就有了效率。

二、借助语言"暗示"去联想，启迪学生把握诗词散文所创设的意象内涵

对于诗歌的学习，我们的学生向来都感到比较棘手，自从我教学生借助语言的暗示性去联想，同学们对诗词散文的理解一下子就豁然开朗了。我对同学们说：因为在中国古代诗歌中，诗人常用一些特定的事物来表达主题思想及感情，这些事物在漫长的历史进程中诗人赋予了某种特定的内涵。所以我们在分析古代诗歌时可以从这些事物的特有内涵入手。并且举例说明：

1.以冰雪的晶莹比喻心志的忠贞、品格的高尚。"洛阳亲友如相问，一片冰心在玉壶。"（王昌龄《芙蓉楼送辛渐》）寓意我的心像玉壶里的冰一样高洁。"冰心"高洁的心性，古人用"清如玉壶冰"比喻一个人光明磊落的心性。"应念岭海经年，孤光自照，肝肺皆冰雪。"（张孝祥《念奴娇·过洞庭湖》）寓意在岭南一年的仕途生涯中，自己的人格品行像冰雪一样晶莹、高洁。

我就启发同学们在以后的学习中一旦读到"冰心""玉壶""冰雪"时，就应先联想到"晶莹、高洁""光明磊落的心性"。

2.对月思亲联想离愁别绪，思乡之愁。"举头望明月，低头思故乡。"（李白《静夜思》）望月思乡异常感伤。"小楼昨夜又东风，故国不堪回首月明中。"（李煜《虞美人》）望月思故国，表现了亡国之君特有的伤痛。

"碛（沙漠）里征人三十万，一时回首月中看。"（李益《从军北征》）茫茫沙漠中几十万战士一时间都抬头望着东升的月亮，抑制不住悲苦的思乡之情。

我就启发同学们在以后的学习中一旦读到"月"或"鸿雁"这些意象词语时，就应先联想到"思乡之愁""故国之思的伤痛"。

3.以折柳表惜别。"柳""留"的谐音，折柳有相留之意。故古人有折柳送别的习俗，因此"柳"就带有离别的意味，"今宵酒醒何处，杨柳岸，晓风残月。"（柳永《雨霖铃》）来表达别离的伤感之情。"秦楼月，年年柳色，灞陵伤别。"（李白《忆秦娥》）西安灞陵桥的两边长满垂柳，而灞陵桥是首都的门户，这里是送别的地方，在灞陵桥折柳送别能表达离别的情感。

我就启发同学们在以后的学习中一旦读到诗词中有"柳"字时就应先联想到"惜别""别离的伤感"等情感。

4.以草木繁盛反衬荒凉，以联想抒发盛衰兴亡的感慨。"过春风十里，尽荠麦青青。"（姜夔《扬州慢·淮左名都》）春风十里，十分繁华的扬州路，如今长满了青青荠麦，一片荒凉了。

5."温暖晴和的晚秋好像在故意戏弄他，嘲笑他，鄙视他……一阵已有几分凉意的秋风吹了过来，几片金黄的叶子在空中划着美丽的弧线轻盈地飘落到了地上。"借助整个"晚秋"的环境联想到主人公尴尬的生活处境。

"对有的人来说，这个地方是经过复原的奥斯维辛毒气室。对另外一些人来说，这样一个事实使他们终生难忘：在德国人撤退时炸毁不热金卡毒气室和焚尸炉废墟上，雏菊花在怒放。"细节暗示：毒气室焚尸炉让我们联想到纳粹灭绝生命的地方；雏菊花让我们联想到"生命不息，顽强抗争"的精神；"怒放"更让我们联想"纳粹永远无法阻碍生命之花的绽放"。

再如，启发学生看到梅花就自然联想到那种傲霜斗雪，不怕打击经受挫折的精神和纯净洁白的品质，如"遥知不是雪，为有暗香来。""零落成泥碾作尘，只有香如故。"看到"松"我们就自然联想到"坚贞高洁"

的品质；读到"莲"就联想到爱情；看到杜鹃鸟就体味到凄凉哀伤的情感。

　　通过联想法的教学，我将学生的思维情感带进了生活，学生生出了一对对联想的翅膀，他们学语文的激情被点燃了，学习兴趣浓了，学生的语文基础知识夯实了，难懂的诗词散文一下子变得容易多了，我的语文课堂出彩了，我的语文教学高效了。

新课标下对构建高中语文高效课堂的几点思考及策略

教
坛
雨
露

近几年，阜南县各学校正开展高效课堂教学改革。先是成立课堂教学改革试验基地，接着选取课改基础较好的学校加盟"中国特色品牌学校共同体"。为了满足阜南人民对优质教育的渴求，我们也尝试着进行课堂教学改革，着力打造高效课堂，设法让学生成为学习的主人，我对如何建设高效课堂展开了自己的一些思考。下面谈谈我的拙见：

一、改变传统的教学观念和方式是课堂高效之基

作为有多年工作经验的教书匠，总是习惯于多年来的教学方式方法，或者说，总觉得形成了自己的教学模式，有了一定的教学经验，习惯了这种传统的教法。想改变这些教师的教学观念不是一蹴而就的事，必须在推进课堂教学改革的实践过程中不断推动教师观念的转变，进而转变教师的教学方式，以逐步消除由于教师讲得过多、学生参与过少

而导致的靠大量课后作业来完成教学任务的问题，逐步解决忽视学生情感、态度、价值观等三维目标实现的旧的课堂教学模式。

二、把握新课标、吃透新教材是构建课堂高效之途

在教学实践中我们发现，不少教师只顾埋头教书不去抬头看"路"——将课程标准束之高阁，其实课堂的低效就是对课标与课本的学习与研究不足造成的，而教师这方面能力的不足又影响和制约了其课堂驾驭能力，从而影响教学效率。教师受传统

"271高效课堂教学模式"阜南县专场报告会

教学模式——"满堂灌""填鸭式"等讲授法教学模式的影响，习惯了这种模式。新一轮教过以后，再上第二轮时，总是犯经验主义，不思改进，新课标不去研读、教材不想再多"读"，新方法不想采用。觉得第一轮的课已经备好了，课前也没有热情备课了，上课固然就缺少了激情。今天正处于信息时代，知识更新非常快，新思想新观念日新月异，还用老的方式方法去教新一届的学生必然会落伍。如，当今的学生，要求自主学习、展示自我的愿望很强烈，老师还在一支粉笔、一本教案、一块黑板、一杯茶……一个人站在三尺讲台苦口婆心地讲到底，不让或很少让学生自主参与课堂，即使让学生参与课堂也是按照教师自我预设的教学问题去教，我们的学生自然不会对课堂产生兴趣，我们的课堂教学也就低效甚至无效。

三、学生参与课堂，快乐学习，是构建课堂高效之根

（一）采取小组合作方式教学，让学生能够参与

无论是山东省的杜郎口中学、还是昌乐二中，他们之所以取得了教学的高效，不仅是因为他们将讲台让给学生"表演"，更应归功于"分组合作"方式的教学模式。分组合作，就如同火车站面对潮水般的乘客同时开了十几个窗口卖车票一样，使我们的课堂教学更加高效。因为将学生分成5～8人的学习小组，开展合作学习，更容易形成生生互助和师生互动，学生从被动服从转向主动参与，从而形成师生平等、协作的课堂氛围。

学生参与高效课堂

教师将教学问题交给学生去思考、去质疑、去探索，学生就会主动学习，就会在小组合作互动中摩擦出智慧的火花，就会点燃学生思维的火炬。教师只有善于激发学生质疑问难，才更容易促使学、思、问、悟的结合，学生学习有了效果，我们的课堂教学也就更加高效。

（二）激发学习兴趣，引导学生全程参与学习过程

让学生参与学习过程，必须创造条件，从培养兴趣入手。因为兴趣是学习成功的秘诀，是求知欲望的基础。学生有了兴趣，才会自觉地花时间、下工夫、动脑筋、积极主动地学习。所以，教师应根据学生的生理、心理、年龄特点，采用多种手段激发学生学习语文的兴趣：用形象生动的

语言，利用直观教具、操作学具、电化教学手段、讲故事、猜谜语等方式引入新课。采用新颖有趣的教法，不但能引起学生兴奋点和愉快感，而且在这种气氛下更能激活学生的思维，使学生掌握的知识更加牢固。而创设贴近学生生活的情境，帮学生解决实际问题，更能激发学生深层次的兴趣，使学生乐于参与、主动参与，并能进行深层次的思考。

（三）教给学生学习方法，使学生掌握参与的本领

一是教学生学会阅读。会阅读才善于思考，才能顺利地获取知识，提高能力。二是启发学生思考。善于思考才善于学习。在教学中要促使学生养成独立思考的良好习惯，遇到问题要能想、会想、多想、善想，甚至大胆地去猜想，启发学生学会"连锁"联想。教师要学会从不同侧面，不同角度设问，抓住那些牵一发而动全身的关键点、疑难点设问，对学生回答错误或不全面的答案进行反问，不断加大问题的思考力度等，学生自然就会多参与课堂教学。

四、发挥特长形成自我教风，是构建课堂高效之羽

教学有法，而教无定法。每位教师都有自己独特的成长生活环境，有不同的阅历、学历、专业知识、个性品行和人生价值观，对自然对社会对人生有不同的看法和解读，面对同样的文本就会有不同解读和教法，就会形成自己独特的艺术个性。

赵集中心学校高效课堂教学改革交流研讨会

首先，教师的知识底蕴是教学之本。扎实而丰富的学科专业知识是语

文教师教好课的基础。深厚的学科专业功底始终滋润着我们的教学生命。一位举手投足浸透着文化芳香的语文教师总是有着常人无法企及的魅力，在这样的课堂上，学生才会学得快乐。

其次，高中学生对语文课要求很高，大部分课文就算不教学生也能读，关键是，只有教师将高中语文课上成了欣赏课，让学生获得了丰富的情感体验，才能让他们听得入耳入心。那就需要我们高中语文教师满腔热情地艺术授课——或慷慨激昂，亢奋高歌；或如泣如诉，低声吟唱；或淋漓尽致，缠绵哀婉。语文的学习是美文的欣赏，是情感的交流，是品格的塑造，是素质的培养，课本中的文章都是通过精挑细选，对学生的成长有帮助的经典范文。不同的课文有不同的风格，因此也要采取不同的教法。

最后，要注重营造教学的良好气氛。良好的气氛应当是民主、和谐、宽松、愉悦的，它是创设高效语文课堂的前提。良好的课堂气氛有多种要素，但最重要的是教师对学生倾注真诚的"爱"。教师永远要怀着一颗爱心进课堂，慈爱和微笑是连接师生情感的纽带，沟通师生心灵的桥梁，是创设和谐的、愉悦的教学氛围的重要手段；教师要满腔热忱地组织教学活动，做到情绪饱满，态度和蔼，语言亲切，富有激情，用教师的情绪、情感、人格魅力感染学生，使学生全身心地投入到学习中去，在自主学习中享受学习的快乐。

五、借助现代教学手段，是构建课堂高效之剂

借助现代化教学辅助手段优化教学结构，提高课堂教学效益。多媒体教学手段恰好可以为这一目标"加一把火"。良好氛围的营造有利于学生尽快进入鉴赏情境，并在音乐与画面的推动下，激发审美情趣，提高品德修养。例如，在讲授《大堰河——我的保姆》时，用多媒体展示"大雪"场景，为学生理解感受大堰河悲苦的生活创设了氛围；在讲授《念奴娇·赤壁怀古》时，用多媒体展示"惊涛骇浪"壮阔之景，让学生立刻感悟文本所彰显的激扬慷慨之意境；《再别康桥》教学中，康桥美丽风光的重现，都

曾获得良好的教学效果。当然，计算机辅助教学在语文教学中多适合于创设文学情境的文学欣赏课与加大课堂容量的常识介绍课。多媒体课件不仅需要适应教学内容的需要，适应学生的需求和口味，还应考虑多媒体课件是否有利于帮助讲授和理解教学内容，是否有利于激发学生学习语文的兴趣，是否有利于培养学生的语文能力和掌握语文学习方法。所以要运用好一种新的教学手段，必须熟悉其特性，熟练掌握，扬长避短，才能达到完美境界，从而使我们的课堂高效。当然，一堂好的语文课在于教给了学生什么，这才是最重要的。否则，一味地追求形式的完美，面面俱到、唯恐遗漏的教学，实际上是在涂万金油，与其说是教学的周到，不如说是教学的败笔。

总而言之，构建高中语文高效课堂既是当今教育改革的必然趋势，也是广大教师的主观愿望。它是一项由观念到行动，涉及方方面面的系统性工作，需要我们教师付出艰辛的努力。

教育之琼浆　孩子成长保滋养

——科学的管理方式造就学生健康向上的人格

　　孩子是祖国的未来，承担着把祖国建设成富强民主文明和谐国家的重任。孩子更是家庭的希望，尤其在知识竞争如此激烈的今天，孩子将来走上社会，能否胜任不同行业的工作，能否适应社会和谐发展，最终取决于孩子是不是个健康（不仅是身体上的健康更是心灵上的健康）的孩子。那么，如何让孩子心灵深处充满阳光，如何让阳光雨露滋润孩子的心灵呢？家庭教育是让孩子心田开花结果的肥沃土壤。

　　父母是孩子的第一任老师，也是影响孩子健康成长的终身老师。父母的一言一行对孩子起到潜移默化的示范作用，故此，要想让孩子心田充满生机，就应做到以下几点。

一、时时用心方能托起明天的太阳

　　不仅自己的一言一行要注意，家里的一花一草一书一画等的装饰也应匠心独运——孩子身边的一切都将对孩子起到积极的熏陶作用。譬如，启迪孩子心灵的格言警句；父母平时翻阅的积极健康的书报刊物；《人与自然》《中国梦想秀》《新闻联播》等电视节目都可启迪孩子的智慧，擦亮孩子心灵的火花。而那些低迷、黄色等不健康的东西绝不应留在孩子的身边，更不能让孩子沾染。

二、以身示范胜过任何良苦说教

"三年可出一个暴发户，三十年也出不了一个贵族。"良好的道德修养要从小培养，家长是孩子的第一任老师，时时处处都要为孩子起到表率作用。在日常生活中，父母的言行举止对孩子的影响最大，因此父母应时时处处以身作则为孩子起到表率作用。要求孩子做到的，自己首先要做到，以良好的习惯，美好的心灵，文明的行为，优良的品质，使孩子在潜移默化中得到熏陶，受到启发。

俗话说，榜样的力量是无穷的，况且"己不正不能正人""身教胜于言教"……对于敦厚淳朴善良的父母，他的勤劳，他的执着，他的永不放弃勇往直前的追求精神，无不时刻感召着孩子；他的乐观向上，他的兢兢业业忠于职守，对祖国赤胆忠心等无不导引着孩子树立正确的人生观、价值观；他的一心向善一心为人，从不斤斤计较个人得失的"我为人人"的情怀，无不会滋养出孩子那如海般的博大胸怀。

三、爱心教育铸就孩子健康心灵

一个合格的现代型家长，既要体现知识的力量，又要体现爱的力量。没有对孩子的爱，就很难充分考虑孩子真正的健康发展。毫无疑问，只有心理健康、情感丰富的家长才能体现爱的力量。孩子需要爱的呵护，需要诚挚温馨爱的甘露滋养。我所执教的班级里，有许多由于家庭破裂或者父母做生意而寄宿在学校里的孩子，这些父母许多时候满足的只是孩子物质方面的需求，而缺失了对孩子心理需求的满足，这些家庭的孩子，他们更需要的是父母的爱，父母的陪伴或者说是一个幸福美满的家庭。面对这样一群孩子，我们需要给他们什么呢？我认为是一个阳光的心态，让他们对生活充满自信，无论将来面临什么都能够用这样阳光的心态去面对。也许幸福的含义就是对自己多一分宽容，对生活多一分宽容，让人生多一丝晴朗。

四、在孩子心田播撒善、执着、鼓励的种子

孩子在成长过程中，容易受到外界的影响。怎样在孩子心田播撒善、执着、鼓励的种子呢？譬如，让孩子听一些健康歌曲以熏陶孩子的美好情操：听田震的《执着》，可以引领孩子学习那种不畏困难、勇往直前、永不言弃的执着品格；听景岗山的《步步高》，可以培养孩子学习脚踏实地、一步一个脚印地向前攀登，坚信只要有付出就会有回报、笃信生活会如"芝麻开花节节高"的人生信念；听《白毛女》，可以引导孩子深深地体会今天的生活不知比昔日白毛女的生活要幸福多少倍——可怜的白毛女对于过年的最大奢望，莫过于让爹爹买来三尺红头绳，从而培养孩子珍惜如今的美好生活；让孩子听一听张明敏《我的中国心》，可以激发孩子怀有爱国爱家的美丽心灵……

学生有他们自己喜欢的读物，我们必须加以引导。譬如，有的孩子喜欢看电影《哈里·波特》，我们就引导孩子写影评，对电影的音乐表现，让孩子考虑不同场景采取不同音乐设计的目的；孩子喜欢看漫画，就要求孩子用一句话，或者是诗句表达漫画的内容。给孩子选书报刊物、电视节目等也是如此，杜绝让孩子涉猎一些凶杀的、明争暗斗、尔虞我诈的不良内容。看中外名著，看精品散文，看正大综艺，看《人与自然》……在孩子心灵的田园里种上生机盎然的白杨树，让孩子心灵之树常绿；向孩子心灵的原野喷洒甘霖，长期滋养孩子的一丝丝善念。

教会孩子同善人居；教会孩子生活上的独立自强；教会孩子尊敬老

人、善待他人……

持之以恒且有意地用"心"改善孩子的生活环境，孩子的心理就会健康。相信爱心如冬日的暖阳照彻孩子的心房；爱心如激昂慷慨的乐曲让孩子扬起前行的风帆；爱心如瀚海里的灯塔让晚归的孩子重识回家的路；爱心犹如夏日爽凉的清泉滋润孩子的干渴心田……

故此，家长应常常用鼓励的眼光、语言，来鼓励和激励孩子，促使他们人生的车轮滚滚向前。家长们要坚信孩子在鼓励中才能更好地快速成长。当孩子出现了自卑、沮丧、自我封闭、焦虑、孤僻等心理时，家长要留心鼓励。如教孩子正确面对中考、高考的巨大压力。中考、高考是人生众多挑战中的一种，需要我们全力以赴，但它远远不是生活的全部；认识到自己的实力和差距，给自己确定一个力所能及的目标；多读一些奋发向上的书籍，它是让你奋斗不息的燃料，积极实行你的计划；把注意力放在自己能做到的事上，而不是为不可知的结果担忧；主动与同学沟通，帮助别人，获得积极的情感交流。

压力会因为交流而得到有效释放，而信心也会因交流而得到重建；学会正面思考，让微笑常挂脸上，乐观会增强判断力，这是人们常说的"好运"的根源；坚持锻炼身体，运动也是一种有效释放压力的方式，而且还会使你提高学习效率；抽时间到野外走走，感受自然，陶冶情操。当你面对森林、河流或星空的时候，你会发现自己的那点压力或烦恼实在渺小得如沧海一粟。

五、挫折雕琢、环境熏陶成就孩子多彩而辉煌人生

如今大多数家长不知怎样教育好孩子，把希望寄托给老师，自己像个旁观者，根本原因是太"爱"孩子了。父母怕孩子吃苦，这是很多家庭教育失败的根源。家长应用"穷"的生活使孩子常常体味到生活的不易，从小要有"忧患"意识。相信"不经风雨怎能见彩虹""温室里的花朵经不住风吹雨打""梅花香自苦寒来"，要知道对孩子的溺爱必然会纵容他们的依

赖心理，不利于培养孩子树立坚强独立的性格。

　　常带孩子"走出"家庭这个小圈子，去看看外面精彩的世界。明智的家长一旦有闲暇时间，应有意识地带孩子出去走走，让孩子去学会拥抱大自然，拥抱社会，开拓孩子的视野，陶冶孩子的心灵。

　　请家长务必让自己的孩子拥有积极的心态，能够用阳光的心态走完自己美丽的需要父母导引的人生之路。愿每位家长为了让自己的孩子拥有健康的心态而去不断地努力和拼搏。

如何让兴趣走进高中语文课堂

作为一名一线语文教师，在与其他语文教师交流的时候无不深深感触到：语文真的很"难"教——大多数中学生不喜欢语文课，语文水平不高，使得很多语文教师深感迷茫。我觉得要改变这一较普遍的不良现象的关键是：让学生对语文课堂产生兴趣。激发学生学习语文的兴趣是提高学生语文能力的关键。

爱因斯坦说："兴趣是最好的老师。"心理学家也告诉我们：学习兴趣是构成学习动机中最现实、最活跃的成分。我国古代伟大的教育家孔子说过："知之者不如好之者，好之者不如乐之者。"学生只有"好之""乐之"，才能有高涨的学习热情和强烈的求知欲望，才能以学为乐，欲罢不能。苏联教育家斯卡特金认为：教育效果取决于学生的学习兴趣。可见，学生有没有学习兴趣，关系到教学效果的好坏。

我想每一个老师都希望学生对自己的语文课感

兴趣。那么，如何才能使语文课有趣味呢？是不是所有的课都能上得有趣呢？兴趣的源泉在何处呢？

所谓语文课上得有趣，就是说学生带着一种较激动的心情专心地来跟着教师学习和思考，对面前展示的真理感到惊奇甚至震惊；学生在学习中意识和感受到自己的智慧力量，体验到创造的欢乐，为人类智慧和意志的伟大而感到愉悦、自豪。欧洲教育家德克利乐认为："兴趣是个水闸，依靠它能打开注意的水库和指引注意流下来。"在学生学习活动中，兴趣有着定向和动力的作用，兴趣又是和情感相联系的，学习的兴趣与热情如影相随，所以正当的兴趣乃是一种高尚的情操。对知识的兴趣常能激发起学生刻苦钻研、积极进取的热情。

学习兴趣是学生参与教学活动的基础，在课堂教学中，课文的导入及教学过程中更应注意运用恰当的教学方法和形式，激发学生的学习兴趣、启发学生积极参与学习活动。由于"新"是提高学生学习兴趣的基点，因而老师每天都应以新的姿态出现在课堂上，运用新的教学手段和方法，力求给学生强烈而新鲜的感受。下面结合我在语文课堂上就如何激发学生的兴趣来谈谈自己的看法。

一、让音乐长"伴"语文，使语文课"艺术"起来

北京师范大学的陈建翔博士说："当孩子忘我地投入地做一件事的时候，他（她）就是天才。"宋代陈颐说："未见意趣，必不乐学。"情感教育理论也认为，情感作为主要的非认知因素，引导着认知学习。教师作为课堂教学的主控者，要善于创造一种氛围，调动学生的情感，让学生始终处于高昂的情绪状态之中，对所学内容产生浓厚的兴趣。教师根据教学内容，结合学生的实际，通过讲演、故事、仿写、音像等方式创设特定的教学情境，使学生的情绪受到感染，并利用情感对认知学习的引导作用去诱发学生的学习兴趣和求知欲望。在教学中，我常用音乐来激发学生学语文的兴趣。

1.音乐是创设愉悦的课堂情境的使者。音乐是创设愉悦的课堂情境的使者，音乐也可以激发学生的阅读兴趣。近几年来，越来越多的中外名篇被搬上了银幕，让观众在感受画面带来愉悦的同时，还领略了用音乐诠释作品产生的快感。这对知识面不宽、理解力不强的中学生来说，不失为一种阅读的捷径。可以通过作品中悦耳动听的旋律来激发学生的阅读欲望，用心去读书，用灵感去探寻书中人物丰富而复杂的情感历程。如《红楼梦》《水浒传》等名篇改编的电视中，都有令人印象深刻的乐曲，可以使学生在音乐的熏陶和感染下，来导入新课。

2.音乐有助于提高学生的理解能力。如在学习李煜的《虞美人》时，我们可以播放徐小凤的同名歌曲，让学生在音乐中去感受词人真实深沉的愁情。学习苏轼的《水调歌头·明月几时有》时，播放歌曲《但愿人长久》，学生在浓浓的音乐氛围中自然就会领悟到苏轼那种旷达的情怀。因此，在课堂上适当引入音乐，让音乐流动的触角去拨弄他们灵感的琴弦，不仅让学生感受了作品的内涵，唤起学生潜在的情感，而且也让他们的人格得到陶冶和升华。

3.音乐有助于帮助学生欣赏文学作品。借助音乐来欣赏文学作品，将生活的乐趣和读书的乐趣和谐交融，让人很是受用。其实，用音乐来学习的妙处不止于此，在学生作文技巧的培养方面，音乐的价值也是不可低估的。如音乐在作文命题中的巧用，即将歌曲的名称直接应用于作文命题中，像《步步高》《执着》《我的未来不是梦》《思念》《在那桃花盛开的地方》《同桌的你》《谁的眼泪在飞》《睡在我上铺的兄弟》等。也可以移花接木、巧妙套用。如以"生活"为话题，自拟题目，写一篇文章，可以引导学生化用歌曲《都是月亮惹的祸》，拟出反映学校生活的《都是足球惹的祸》的好题目。再如化用歌曲《乘着歌声的翅膀》拟出《乘着音乐的翅膀》的文章，以三段音乐名称《命运》《春江花月夜》《秋日的私语》作为小标题并展开议论，形式新颖。

二、鼓励学生"动"起来，让学生积极地参与课堂

1.设疑问能启发诱导，鼓励学生参与课堂。设疑问能启发诱导，鼓励学生参与课堂，让他们成为课堂的主人，从而激发学习兴趣。古人云："学起于思，思源于疑。"设疑能激发学生学习兴趣，是一种点燃学生思维火花、进而开发学生智力的教学艺术。教师在教学中应通过设置问题，以疑促思，激发学生强烈的好奇心和求知欲，让学生在存疑、质疑到释疑的过程中体验到求知的乐趣，进而提高思维能力。但教师一定要注意，设置问题必须有一定的针对性，层层推进，这样才能真正激发学生积极的思维活动。

2.抓住学生作品的"闪光点"，鼓励学生。学生参与课堂活动后，教师对他们的成果应多给以鼓励，尤其是抓住学生作品的"闪光点"，使学生常常有成功的感觉体验，可以长期保持他们的学习兴趣。人在成功地完成一项任务后，总会产生一种愉快的感觉，因此，要使学生的学习兴趣持续稳定下去，教师在教学中就必须给学生创设成功的机会，使学生获得成功的体验，让学生在努力中看到希望，从成功中尝到甜头，从而增强他们学习的信心和动力。

在教学中，我们经常可以看到这样的情况：那些学习成绩优秀的学生，由于在学习中经常取得成功，经常受到老师的关照和表扬，因而学习兴趣十分浓厚，愈学愈乐学；而那些学习成绩不佳的学生，本应加倍努力学习，但由于失败，再加上经常受到老师的冷落、批评甚至斥责，因而学习情绪低落，愈学愈厌学。其实，学习成绩差的学生不一定智力就差，他们也有自尊心、好胜心。只要我们能转变观念，尊重他们，热爱他们，制定合适的教学目标，善于捕捉他们的闪光点，就能使他们保持较大的学习兴趣，使他们学习有所进步。在语文教学中，我针对不同层次的学生设计不同的问题让他们回答，努力让每一个学生都能有成功的体验。同时，通过开展语文活动，如办手抄报、墙报，举行故事会、朗诵会，进行社会调

查等，让每个学生都有显身手的机会，从而提高他们学习语文的兴趣和积极性。

3.巧设练习，提高不同层次学生的学习兴趣。练习是巩固、深化知识，发展能力的一种有效手段。我认为"巧设练习"这个"巧"，应表现在能否激发学生的学习兴趣和求知欲上，让每一次练习都成为学生成长的生长点。为此，"巧设练习"应该注意以下几点：一是要有针对性，能及时巩固教学内容，所涉及的知识每一次都在新的联系中再现，使学生每做一道题都有新的发展；二是练习的内容、形式要多样化，能满足各层次学生的最近发展区，能挖掘学生的潜在学习能力；三是要贴近学生的生活实际，注重学生的独特感受，注重趣味性和开放性，让学生体会到学习语文是有用的、有价值的，从而提高学生学习语文的积极性。

诚然，激发学生学习语文兴趣的方式还有很多。教师本人要在课前备好课——吃透文本，借助现代化的教学手段，了解学生心理，把语文课上得"艺术"一点，让学生动起来，积极地参与课堂，学生就会爱上语文。

第四篇　艺术管理　素养提升

爱心教育铸就学生美好未来

从事教育工作二十年来，我一直工作在教育教学第一线，担任高中语文教师及班主任。作为一名年轻的班主任，我忠诚于党的教育事业。工作中一直高标准严格要求自己：为人师表，爱岗敬业，关心集体，勇挑重担；能够用新德育，教师职业道德规范来要求自己，以把学生培养成为行为规范、心灵自由、感情丰富、思想充实、胸怀开阔的现代人为目标；能够不断学习先进的教育理念，积极更新思想教育观念，并根据学生的实际情况将二者有机地结合，用真爱努力创建尊师、自律、团结的充满爱的班集体。

多年以来，我的爱心教育在工作中取得了一定的成绩，我本人也先后被授予阜南县"先进工作者""阜阳市优秀德育课教师""市级中学语文学科带头人""阜南首届名师"等光荣称号。

一、用爱之光芒照亮孩子纯洁心房

记得柳青在他的《创业史》中写道:"人生的道路曲折漫长,但关键处却只有那么几步,特别是当人年轻的时候。"所以我认为我所做的工作是非常重要的,我爱我的工作,我爱我的学生。因为高中是人生的一个关键时期,高中阶段是人生历程中最有意义、最紧张、最充实、最富挑战性、最难忘、最美好的一段时光。而有的人却给了她最后悔、最晦涩、最阴暗的定义。同样的年龄,同样的环境,同样的经历,为什么常常会给不同的学生带来不同的感受呢?我想这是由于孩子来自不同的家庭,受着不同的教育,因而形成了不同的性格特点。高中三年对一个人生观、世界观正在逐步形成的学生来说,无疑是非常重要的。而作为班主任,如何较好地引导学生走好人生中的关键一步,就成了一个重要的课题。

(一) 爱是打开学生内心世界的钥匙

我所在的学校是一所普通中学。近年来,由于市、区重点学校的扩招,使得学校的生源有了极大的改变。我是高中理科班的一名班主任,每天要面对的就是一群有着许多相同点与不同点的高中学生。乖巧的,调皮的;温顺的,淘气的;淳朴的,狡黠的。全班七十八人,不同的是性格,相同的却是学习底子薄、基础弱,生活上习惯差、能力差的现实——上学有各种理由迟到;上课拿着杯子往外跑;作业囫囵吞枣,听讲时吵吵闹闹……

但不管怎么说,他们还都是可爱的孩子。而作为一名人民教师的责任,正是要引导他们,帮他们迈好人生的关键一步,为他们搭建走向成功的阶梯。而要达到这个目标,方法固然很多,但核心却只有一条,那就是努力学习,勤于实践。

在教书育人的同时,我始终没有忘记自己应继续学习。因为我深知:"要想给学生一杯水,教师光有一桶水是远远不够的,而是要有源源不断的活水。"因此，我充分利用业余时间不断给自己充电。经学校推荐，我参加了多次语文教育研修班，努力提高自己的专业水平。

作为一名班主任，仅仅把书教好是不行的，更要能够凝聚自己的班级，创建健康和谐的良好的班风。担任班主任工作以来，我不断向其他有经验的班主任学习，取人之长，补己之短，参加全国班主任德育工作论坛，接受了有关课程培训。经过长时间的摸索和实践我终于摸索出一套自己的管理方法并形成了自己以爱育爱的教育风格。因为爱是一种动力，它可以激励学生探索知识；爱是一种力量，它可以支持学生战胜困难勇往直前；爱还是一针兴奋剂，它可以为了达到既定目标而不断调整和组织学生的行为。作为班主任，爱是不变的法则，因为我相信爱是世界通用的语言，我知道有爱的地方就一定会有收获。

一个教师爱他的学生，学生也会真切地感受到。如果他们切实地感到老师是在诚心诚意地爱护自己，关心自己，帮助自己，他们就会很自然地欢迎你，喜欢接近你，并心悦诚服地接受你的关心和指导，这种师生心灵间微妙的相互接触，必然会使学生产生一种精神力量，激发学生潜在的能量。这样，即使是暂时落后的学生也会有长足的进步。老师的爱就是开启学生走向成功之门的金钥匙。

（二）爱是学生成长道路上的润滑剂

爱有很多种，老师的爱是理解，是宽容，是信任，是期待，是肯定，是激励，也是宠爱。是为他们的进步而神采飞扬，而大声喝彩，而骄傲，而自豪。

一般来讲，学生考入了高中，学习就成了生活中最重要的一件事。而高考也就成了他们要面对的目标。高考是学生的人生大事，大家都不敢有丝毫的懈怠。我深知，要想真正帮助他们，除了无微不至的关怀，作为班主任，我必须在本学科教学上能够让他们有所依靠。为此，我坚持在课余时间不间断学习与练习，坚持参加市县开展的教研活动，取人之长，补己之短。同时，注意培养学生的学习兴趣，调动他们的学习主动性。备课时，我先备学生，再备课本，同时也备自己，力求找到既符合学生特点又切实可行的教学方法。另外，为了鼓励学生的语文学习积极性，我要求自己的课后答疑做到随约随到，随到随讲。同时我还积极组织学生参加能拓展视野的有益的课外活动，用多种方法推进素质教育。

在高二学年，对普通学校来说，还有个不小的压力，那就是学业水平测试。为了使学生能够顺利通过各科测考，为了使他们尽量少掉队甚至不掉队，作为班主任，我主动与各科老师配合，勤碰头，多商量，想办法。大家积极协作，加班加点，一切以学生为本，做到每一位老师对每一个学生的每一门功课都心中有数。各科老师的有效合作，为学生们通过学业水平测试打下了坚实的基础。首先在高二寒假前，在各科老师的积极准备下，准备了合适的训练材料，帮助学生复习。在高二下学期，我全天跟班，把自己的课余时间都花在教室。最后我们班学生百分之百地通过了学业水平测试。老师们辛勤的汗水教会了学生如何思考，如何研究；老师们无私的奉献让学生们明白了什么是爱的真谛；是老师们的爱让学生学会了应该如何去爱。

因为有爱，他们会在寒冷的冬季为他们敬爱的老师悄悄奉上一杯暖心的热茶；因为有爱，他们会为带病坚持工作的老师捧上一盒并不对症的止痛药；因为有爱，他们会在教师节、母亲节送上学生的祝福。也正因为有爱，他们才会比较顺利地通过考试，体验一份属于他们自己成长与成功的喜悦！

二、为学生的全面发展架设坚固桥梁

青少年时期可以说是人生中的黄金时期，也是人生成长历程的关键时期。在此时期，生理上的变化影响着青少年的心理。成人感的产生，独立自主需要的建立，使青少年需要摆脱约束，希望和成人平等相处，极力在行为上表现出成熟、稳重。但由于认识能力的不足，使他们又易感情用事，自我控制能力低，自我监督能力差。作为一名高中班主任，我所面临的就是这样一群朝气蓬勃，而又敏感冲动的青少年。而对这样一个特殊的群体，家长却并不了解。所以总会听到有家长感叹"家有高中生"的烦恼：说得轻了，他们不听；说得重了，他们会公然顶撞，有时对他们嘱咐得越多，提醒得越多，告诫得越多，似乎让人担心的事也就越多。他们想帮助学生却感到无从下手。所以指导家长用正确的方法教育子女，引导学生顺利度过这个"危险时期"也就成了我的工作重点。

针对学生青春期需要被人关心的特点，我在工作中始终引导家长去关心孩子的成长与发展。我提醒家长应当始终保持一颗敏感的心，保持对孩子的"全神贯注"，因为他们的成长迅速，心理上极易产生变化。随着他们在不同阶段的不同表现，爱的需求也不尽相同。但家长在关心孩子们的过程中却经常会遇到尴尬："好心办坏事""付出没有成效"等等。其实每一个孩子都是与众不同的，他们有不同的家庭环境、成长经历，性格也千差万别。很多冲突是源于家长对自己的孩子了解得还不够深入。

这就要求家长在教育孩子的过程中选择合适的表达方式、方法，并寻求合适的表达时机和教育环境。为了让家长达到这一要求，我做出了自己的努力。首先，我利用了所有可能的时间，主动与孩子们接触，努力去发现他们各自的闪光点，然后积极与家长接触，让家长了解学生在学校的表现，及时沟通。每当学生看到我致电家长表扬他们时，他们就会体会到自己在老师心目中的重要地位，从而进一步树立努力学习的信心。我重视各科的小测验，对有点滴进步的学生，以成绩单的形式向家长汇报，让家长了解孩子在校的情况，看到孩子的成功，分享他们的喜悦。

对于那些进步较大的同学，我还会不定期地家访。让学生充分体会到老师的关爱和家长的呵护，使他们继续在充满爱的环境中积极成长。

三、要做就做更好，付出就有回报

负责任地去爱每一个学生，是一名教师全部职业活动中最宝贵的一种情感。这种爱，是不能以个人好恶为转移的，它不像潮起潮落般的汹涌澎湃，却是春风化雨、云卷云舒的轻柔。一旦孩子们敏感的心体会到这种感情，就会"亲其师"，从而"信其道"。一棵树摇动另一棵树，一朵云推动另一朵云，一个灵魂呼唤另一个灵魂。当老师与学生的爱开始互动，整个班，整个学习环境都会处在爱所营造的氛围之中。是爱，让他们全体守候，把骨折的同学从四楼一直抬到楼下；是爱，让他们为有困难的同学选定班里第一排的座位，尽管他有着一米八几的身高……有爱的班级，才能产生极大的凝聚力；有爱的班级，才是真正意义上的一个整体。

经过两年的努力，我们班已经形成了"尊师、自律、团结、成功"的良好班风，师生关系融洽，获得了校风评比总分优秀奖。在学业水平测试方面也取得了令人满意的成绩，在学生学科竞赛和高考中也取得了不错的成绩。一点一点力量的凝聚，一丝一丝成绩的取得，使这个集体一步一步踏上成功的阶梯。

爱学生是教师不可推卸的责任，被学生爱是教师不可多得的感动。作为一名班主任，爱让我体会到了这个职业的伟大。在这种师生互动互爱的过程中，学生成长，老师也在成长；学生成功，教师也同样成功。我会继续进行这种爱的教育，磨砺自己，提升自己。我坚信，爱的教育是"牵你手，慢慢走"的温柔，是"问题不是问题，如何解决问题才是问题"的坚定。更是一份为人师对学生、对家长、对社会的责任。所以我会更加努力，用爱去浇灌学生，用爱去呵护学生，教他们领悟什么是爱，怎样去爱，如何升华爱的意义，如何由爱唤起成功，用爱的光芒指引他们迈向成功！

艺术管理　铸就班级和谐

常言道：做事方法得当，将事半功倍。

——题记

管理一个班级，特别是高中，如若不使用科学的管理方法和技巧，是很难成为一个优秀的班主任。尤其是面对一个有七八十人的班集体，真的需要采用科学的教育管理方法。下面谈谈我担任班主任以来的点滴工作经验。

一、科学合理的班纪班规是铸就优秀班级的基石

在班级管理中想要充分体现以人为本、以生为本的原则就必须有一套详细并具有可行性的班规。常言道：不以规矩，无以成方圆。只有在学生入班时根据学生的实际，充分让学生参与（基本上是学生讨论举手通过）制定科学的班规班纪。明确哪些可以做、哪些不可以做，并出台配套的奖惩细则。

为确保班规的落实，我管理的班级实行7人制的班长轮流管理制度，每天都固定一个班长值日。利用下午放学时间，值日班长作书面值日报告，总结一天班规的执行情况。被批评的学生第二天早上向全班学生交一份违纪说明，并向全班同学宣读，以便利用集体的舆论约束违纪学生，使学生认识到自己个人的违纪影响的是整个班级。这极大激发了学生参与班级管理的工作热情。同时依靠集体的舆论规范了学生的行为，久而久之，良好的班风便可形成。由学生自己制定班规，我认为有以下几点好处：

1.有利于学生的自我教育。班级管理的最高境界是实现学生的自我管理，自我教育。每一条班规的制订都由学生自己提出并讨论，学生的认识会更深刻。这也更利于发展学生的自主性、能动性、创造性，促进教育过程的民主化和个性化。

2.有利于集体教育。由于学生年纪尚轻，行为习惯需要加以督促引导。设立值日班长，每天总结报告，强化了集体意识和集体舆论，激励了学生关心集体，尊重他人，互帮互学，共同进步。同时，也树立了班级的正气。

3.有利于班级管理工作的不断完善。班主任的中心工作就是解决班级存在的问题和学生存在的问题。由于班规的制定每月一次，每月都能解决几个问题，从而使班级存在的问题越来越少，更易形成良好的教育教学秩序。

4.有利于形成民主和谐的师生关系。传统的班级管理中，班主任多以说教为主，师生冲突屡见不鲜。许多事实证明，培养学生的主体性，必须要有相互尊重、和谐民主的教育氛围。班规的民主制订和执行过程，会使学生增强独立意识，减轻依赖性，态度更加主动积极。

二、学识、卓识、耐心是管好班级的三大法宝

常言道：学高为师，身正为范。班主任本身也是本班的任课教师，如果此班主任没有较渊博的学识和足够的耐心，制订的班规再好往往也是效

果欠佳。由于我校的生源比较复杂，学生素质参差不齐，班纪班规频繁被违反。大多是由于学生故意和放纵所致，主观人为因素居多，想追求立竿见影、一劳永逸的管理功效是不切实际的。只有以足够的耐心和远见的卓识，并且持之以恒，才能把一个普通班级变成一个优秀班级。

1.超前管理。想成为一个像样的高中班主任，如若没有教育的科学管理理念是不行的，要能科学预测可能发生的不良后果，并能做好教育及疏导工作，创造有利条件，将不利于班级发展的不利因素消灭在问题发生的萌芽状态，牢牢抓住班级管理的主动权。

2.全程式管理。管理好学生学习的同时，也要管理好学生的生活，两者同步进行，不可忽视其中一个。通过看班（尤其是早晚自习）、引导（好的生活习惯）、监督（长期不间断地跟踪家访了解学生本人及身边的人）学生的活动，保证良好的生活秩序。

3.反复强化管理。管理对象虽然是高中学生，但他们大多年龄处在十四到十八岁，故此必须采取耐心细致、不急不躁的管理方式。相信精诚所至金石为开，只有学会忍耐和等待，百折不挠，实践证明，最后的成功是我们的。

4.教师更要有渊博的学识。我担任班主任的班级学生的英语基础非常差，早晚读时隔壁班读英语声朗朗，而我班却不敢动嘴。找几个英语成绩较好的学生到讲台领读，但效果甚微。几天下来，学生没了信心并劝我说："老师，您就别费心思了，我们的英语基础太差了！"我说："只要我当你们一天的班主任，我就有责任和信心把你们的英语基础提高上去。"学生都用诧异的眼光看我；你是教语文的英语能行吗？他们哪知道我已通过了大学英语四级考试。说到就要做到，无论是早读还是晚读，我都跟班教学生英语，有不明白的地方，虚心向英语老师请教。经过大半学期的不懈努力，我班学生的外语成绩有了较明显的提高，学生的口语能力大大增强，而且学生对我也刮目相看了。学生也自觉地行动起来学会了自学、自律。

三、严格管理并配以慈爱之教是管好班级的润滑剂

"严师出高徒，爱心换爱心"，这是我当班主任以来的成功信条，因为教育的目的是要塑造人，我一贯认为管要严，教要慈。

1.要"严"加管理。严格是班级纪律顺利执行的保障，是安心学习、提高学习效率的保障，是班主任、任课教师、班级干部树立威信的基础，是师生"上下一盘棋"的保障，更是良好班风迅速形成的保障。

2.要"理"性管理。"理"性管理不仅仅要让孩子们因怕老师才遵守纪律，更重要的是让他们从思想深处认识到应该遵守纪律，应该自觉维护班级的良好环境。深刻认识到他们真的不再是孩子，应该静下心来好好地看看书了，真正明白"宁静致远"的道理。

3.要学会"激"发学生。就是要激发他们的学习热情和斗志。"压"是治表，"理"是治本，而"激"是激发。班主任平时要"刻意"发现学生的闪光点，最大限度地激发学生好胜不服输的精神，抓住一切机会对学生进行精神激励，让每个学生都充满自信充满热情地投入到文化课的学习中去。一个充满自信极具上进心的群体本身就是最优秀的群体。

4.要学会帮"扶"学生。就是帮扶他们走过这段坎坷泥泞的雨季。几乎所有的学生，刚进入高中时都有自己的梦想，个个信誓旦旦暗下决心，他们立志成才的强烈愿望毋庸置疑。但是，由于学习基础和学习习惯太差等多种原因，很多学生在学习过程中会经常遭遇挫折，在挫折面前有的学生非常脆弱。这就要求我们班主任注意留心学生的变化，及时帮扶，陪学生顺利走过这段泥泞的雨季。

5.要学会"亲"近学生我们常说："亲其师，信其道。"为了让学生"信其道"，就应该努力让学生"亲其师"。具体来说，就是老师要抽出一定的时间来主动关爱学生，和学生谈心交朋友，如果你和学生成了朋友，还用担心你的课堂教学效果吗？如果我们的老师能够真心关爱学生，对他们及时伸出双手，那么离赢得学生的心也就不远了。

四、一位优秀班主任是锻造先进班集体的灵魂

我深深地感悟到：十多年来，无论是在教学上还是在管理班级上，成功之处莫过于"捧着一颗爱心"来浇灌学生，用爱心滋润孩子干渴的心田是成功管理的法宝。热爱学生、做好教育教学工作，是成为一名合格的班主任的最基本的条件。如今的学生大多是独生子女，在家衣来伸手饭来张口，娇生惯养，为了改变他们的不良习惯，学校布置了班级卫生区，制定了一日两扫的卫生清洁制度，班级卫生也要求一日三扫并保持窗明几净，帮助学生养成良好的卫生习惯。我还特别安排学生料理好自己的小卧室、书房、厨房为一体的综合房间，并不间断地到学生的住处"家访"。以此来督促学生养成良好的生活习惯。

故此，要想把班级带好带优秀，务必注意"校园无小事，事事皆育人，教师无小节，处处为楷模"。班主任直接和学生接触，事无巨细都可能是榜样，言行不可不慎；学校教育的一项重要功能就是示范和引导。因此，学校应成为一片道德净土，要求教师切实加强师德修养，切实加强班主任的管理艺术，不为物役，不为名诱，用充满爱心和责任感的言行在潜移默化中滋养学生的精神生活，为祖国浇灌出一批批健康的"禾苗"。

有备而管　成就班级辉煌

本学期，我担任高一（22）班班主任工作。在学校领导的支持与各任课教师的配合下，我顺利地完成了学校布置的各项任务。在从事德育教学过程中，有顺利也有挫折，有成功也有失败，既有困惑，也有启迪，交织着酸甜苦辣，现就本学期班主任工作经验总结如下。

一个良好的班集体能否形成一个积极向上、努力学习、团结和睦的氛围是至关重要的。只有在良好的班集体中，教师开展的教育和教学活动，才能收到较好效果。在培养班集体方面，本学期我主要从以下几方面入手。

一、注重班级文化建设

开学初，由于班级教室的重新调整，我组织全班学生把教室布置好，让教室的每一块墙壁，每一个角落都具有教育内容，富有教育意义。在具体布置时，针对班级学生的特点，从大处着眼，小处着手，制定班级文明公约，张贴名人名言，使学生行有可依，激发学生的上进心。设立评比栏，班级设置由专人管理的"图书角"，以拓宽学生的知识面。为及时反馈学生情况，设置了班级日记，由班长负责记录。

二、注重班干部的培养

进入高一以后，班干部换届重新选举，由学生民主投票，产生了一支能力较强，有一定影响力的班干部队伍。对待班干部，我积极引导，大胆使用，注意培养他们的工作能力，要求他们以身作则，"各守其位，各司其职，各尽其责"。另外，定期召开班干部会议，研究解决出现的问题，同时布置新的工作和任务。这样，由于班干部的积极配合，以身作则，从而带动全班同学积极向上，收到了较好的成效。

三、注重养成教育和传统道德教育的结合

学生由于刚进入新的校园，又没有升学上的压力，个别学生纪律意识开始松散起来，不喜欢别人对他们的行为加以约束和管教，一些不良行为随之而来，如旷课等。面对这些违纪情况，如果引导不当，学生很容易在这个特殊的学习和生活阶段走入歪道。

我的具体做法是：

1.加大学习、执行《中学生守则》《中学生日常行为规范》的力度。我借助主题班会、演讲会、竞赛等各种形式的活动，来引导学生学习、严格执行《中学生守则》《中学生日常行为规范》。

2.注意树立榜样。俗话说："说一千，道一万，不如亲身示范。"榜样的力量是无穷的。要求学生不迟到，不旷课，班主任首先要做到；要求学生讲文明，讲卫生，班主任必须要做到。平时班主任还要注意严于律己，以身作则，时时提醒自己。

3.注意寓教于乐，用多种形式规范学生行为。心理学告诉我们：人的接受心理由观察能力、感知能力、认识水平、兴趣爱好等心理因素构成，因此，具有广泛性、多样性、综合性的特点。单一的教育管理方式不适合人的接受心理，开展丰富多彩的活动，寓教于乐适合学生的心理特点，能提高教育管理的可接受性。

为此，我先后多次组织主题班会，如"学习与生活的关系""学习方法初探""我们的人生规划""怎样活着才有意义"等主题。还组织"优生学习经验交流会"，举办"语文知识抢答竞赛""说成语故事比赛""古典诗歌背诵比赛"等活动，收到了很好的效果。

四、严格的要求是最大的尊重

教育是一门艺术，教育是心灵的耕耘，必须讲究教育的艺术。在实践工作中，我感受最深的便是马卡连柯的一句名言："严格的要求是最大的尊重。"的确，只有既严格要求学生，又给予他们最大的尊重，才能把班主任工作做好。

俗话说："严是爱，宠是害，不教不导要变坏。"我的班级上有几个非常调皮的学生，在教育他们的时候，我曾有过失败的教训。先前，我对他们时常板着一副面孔，严加管教，结果学生表面上对我敬畏和服从，其实，并不是心悦诚服地接受我的教育和管理。一段时间后，我改变了方法，对他们给予关怀和爱心，却忽视了严格要求，结果导致班风涣散。面对这种局面，我苦苦地思索，寻找解决问题的良策。向有经验的老班主任请教，明白了对学生应严中有爱，以爱动其心，以严导其行，既要严格要求，又要给予尊重。

五、相互协作方能产生共赢

教育是一项艰巨的任务，单靠班主任一个人的力量显然是不够的，需要靠各方力量的齐抓共管。通过班主任的工作，把学校、社会、家庭组合成一个整体，形成教育的合力，达到互相促进的目的。我定期家访，或电话联系家长，及时反馈学生情况，获得家长的支持，收到了良好的效果。

总之，班主任工作可以说是千头万绪，要想带好一个班级，我们必须去研究，去多想想办法。

浅谈父母外出打工对中学生家庭教育的影响

一、父母外出打工有利有弊

随着我国社会主义市场经济改革的不断深入和发展，对家庭教育提出了更新更高的要求。然而，由于生产力的提高，使大批劳动力从土地中解放出来，其中有相当一部分选择了外出打工，这给他们的家庭教育带来很多问题——家庭教育的缺失。由于不良文化的影响，中学生对腐朽的东西抵制能力差，父母长期在外，孩子不在父母视线监管之下，有些学生出入娱乐场所，使得他们无心上学，对他们的思想产生了不良影响。在研究课题《家长素质及其管理方式对学生心理健康影响的研究》过程中，通过问卷调查及对阜南县的一些农村家庭的走访，发现一个较为普遍现象：中学生留守学生比例占总体中学生的一半以上。打工挣钱本是件好事（家庭有了经济来源，孩子上学学费有了保障，还可以给孩子提供更好的学习环境），但父母外出打工后，孩子平时学习情况无人过问，老师布置的家庭作业无人督促和辅导，成绩下降，老师想找家长谈心也无法实现。甚至有些孩子做错了事或受到不良风气影响也不能得到及时纠正。父母外出打工后，孩子多由在家的老人们照顾，他们对孩子管教不严，百般溺爱，孩子去不去上课也不管，经常迟到早退也不问，甚至老师管严了，有些老人还要到学校大吵大闹，跟老师争辩。这无疑助长了一些学生的纪律松散行为，并导致学生成绩下降，严重影响学校的教学秩序。因此，我真诚希望那些外出打工一年半载不回家的父母们关注自己孩子的教育，真正负起做家长的责任来，多给孩子提供受教育的机会。

二、家庭教育在培养中学生健康成长中的地位和作用

孩子是祖国的未来，是家长的希望。孩子健康成长，积极向上，会给家庭带来欢乐和幸福；相反，孩子行为不良，违法犯罪，会给家庭带来痛苦和灾难。教育培养好孩子，是教育工作者和为人父母者的共同目标和任务。

首先，家庭教育是教育系统工程的起点和基础。家庭是学生成长的摇篮；父母是每个人的第一任老师也是终身的老师。一个人出生后，就在家庭的环境中，受到家庭成员的职业和素质、家庭教育的内容和方法、家庭风气、人际关系的影响和作用。一个人思想品德、行为习惯、意志性格的形成，都离不开家庭教育。俗话说："三岁看大，五岁看老。"这句话不全面，但也道出了家庭教育是培养人的系统工程的起点，是学校教育、社会教育的基础。

其次，家庭教育是中学生健康成长的重要教育力量。今天的中学生是未来社会主义现代化建设的主力军，光靠学校教育是远远不够的，家庭教育是必要的补充，千千万万的家长是促使学生健康成长的重要教育力量。实践证明，重视孩子早期教育、积极配合学校教育的家长，孩子成长得比较好；忽视孩子早期教育、家庭教育不积极的家长，孩子往往容易品质不

良，染有恶习。

再次，家庭教育是社会主义精神文明建设的重要组成部分。家庭是社会的细胞，千千万万的家庭是社会缩影。社会主义精神文明建设，包括思想道德建设和教育科学文化建设两个方面，社会主义精神文明建设的根本任务，是适应社会主义现代化建设的需要，培养有理想、有道德、有文化、有纪律的社会主义公民，提高整个中华民族的思想道德素质和科学文化素质。如果每一个家庭都重视家庭教育，形成良好的家风，对整个社会风气将会产生不可估量的深远影响，会成为一股巨大的教育力量。

三、父母外出打工对孩子教育的影响不容忽视

在各级政府的努力下，在创建和谐社会的氛围中，农民工群体自身环境在不断改善，但是他们的子女的教育问题却越来越凸现出来。在被调查的900名打工人员中，30.6%的人不知道或从没听说过家庭教育，其余知道"家庭教育"这一名词的人，对其涵义理解的也相对片面，认为家庭教育就是抓学习，而孩子的思想道德、良好行为习惯的养成、赏识教育等，家长知之甚少，更谈不上付诸实践。

由于外出打工人员对科学的家庭教育知识缺乏了解与掌握，在实施家庭教育时家长多以简单的说教为主；因势利导型的家长仅占13%；放任自流型、简单粗暴型、溺爱型等共占22%。

过于单调的教育方法无法获得孩子的认同感，很难收到好效果。因此，虽然绝大多数外出打工人员子女能够体谅长辈的辛苦，自身生活能力、自我管理能力较强，但他们的孤独感也较强烈，思想和心理表现都较为封闭，害怕遭到轻视和歧视。

家庭教育缺失带来的另一个问题是子女的情感缺失，想与父母共同生活的愿望强烈。外出打工人员由于长期在外，无法与配偶及子女生活在一起，极易引起婚变、离异，父亲教育缺失或母亲教育缺失相当普遍，这些子女更希望得到父母的关心和帮助——在情感上思念父母，更希望在学习

和心理上得到切实的帮助。

缺失家庭教育的结果便是子女在校学习注意力不集中，学习成绩普遍较差。由于父母中有人外出打工，生产劳动、家务劳动自然落在留守的一方身上，造成家庭教育精力严重不足。有些家庭父母双方都不在孩子身边，孩子随祖父母外祖父母或其他亲属生活，孩子的生活和家庭教育条件不容乐观。

四、家庭教育的缺失是父母的无奈之举

吉林省妇联儿童部部长徐建华分析认为，打工家长为生活所迫，在追求经济收入的同时，不得不以牺牲对子女家庭教育为代价。绝大多数打工人员打工的唯一目的是谋求经济收入和改变现实生活状况，在生活压力面前，把子女放在老人身边多属无奈之举。另外，城市现行的管理和居住条件限制了打工人员将子女带在身边。受物质生活条件制约，许多打工人员虽有接子女共同生活的愿望，但也无力解决接子女到身边共同生活后需面临诸多实际问题，如住房、择校费、学习环境和子女受歧视等。针对家庭教育缺失，有关专家建议，孩子对父母有天生的依赖性，家庭亲情有助于青少年的健康成长，父母的关怀是其他任何人无法替代的。所以，父母双方最好留下一个来照顾孩子，注意孩子在成长过程中的身心发展并及时帮助他们纠正错误。

专家同时建议，政府及有关部门应倡导就近打工，并建立寄宿制学校。一是有条件的地方政府大力发展第二和第三产业，增加本地就业机会，使打算外出打工的人员可以就近打工，减少孩子与父母分开的机率。二是针对外出打工人员子女缺少监护的现状，对家长外出打工的学生实行寄宿制管理。如以社区为单位，创办托管中心，负责管理孩子校外的学习、生活、教育。配备专业的心理辅导教师，加强对家庭功能缺位孩子的心理辅导，以满足他们对爱的需求。

五、对家庭教育与学校教育关系的重新审视

首先，家庭教育是学校教育无可替代的。家庭是孩子与社会接触的第一站，是各种综合能力培养的基地，教育首先从家庭开始。

其次，家庭教育有着丰富的教育内容，是全方位培养人才的重要场所。家庭教育对青少年个性（如价值观、理想信仰、性格等）的形成起主要作用。而且，家庭教育对青少年的智商、体育、美育及劳动教育方面也有非常深刻的影响。

六、中学生家庭教育呈现新模式

第一，教育观念的变革性与传统性并存。家庭教育观念的变革缘于社会现实之变革。与现实社会相应的家庭教育观念包含有许多现代的、民主的、改革的先进成分，诸如注重子女全面发展的人才观、尊重子女的人格和支持子女个性发展的民主教育观、适应时代潮流的投资子女智力发展观等。但也应看到，长期以来的家庭传统思想和"应试教育"模式使家庭教育观念的现代变革难以彻底改变，故而家庭教育在今天呈现出变革性与传统性并存的特点。

第二，家庭教育问题的复杂性突出。家庭教育问题具有复杂性，一是父母由于在经济欠发达时承受过很多苦难，在哺育下一代时则产生强烈的补偿心理，对孩子培养表现出过高的期望、过分的关心、过多的呵护，使有些孩子出现无情、无能、无责任感。二是孩子的成长环境发生很多变化。大多数孩子生活的环境已由过去的"儿童世界"转化为"成人世界"，成人对孩子的影响在加大，孩子对成人的依恋心理在加大，同时孩子与成人的矛盾也在加大。三是孩子生活内容的变化导致不健康心理的形成。今天的孩子，是中国第一批在电视机前长大的孩子，与父母沟通的时间越来越少。慢慢地，孩子向成人关闭了心灵大门。同时，不少家长不能根据孩

子需要施教，存在较多误区和过失。

第三，家庭教育方法、手段的发展趋向现代化和科学化。主要是指在家庭教育中，家长能在系统的家庭教育理论指导下，运用合乎当代孩子需要的正确方法和手段施教，从而使家庭教育活动取得显著成效。

七、更新家庭教育观念

知识爆炸的新时代，千姿百态的新信息，通过报刊、电视、广播、QQ群、微信、博客、录音、录像、Internet等多种渠道进入千家万户，家庭、社会对中学生思想行为、人生观、道德观等的影响显得越来越重要。但是，不少人对家庭教育的认识

"阜阳美德少年"表彰会

不够，在家庭教育中存在很多突出的问题。确立新的家教模式不妨从以下几个方面做起：

1.转变传统家教观念，变"以养为主"为"以教为主"。父母既是子女的抚养者又是教育者，对子女不仅有抚养责任，而且有义不容辞的教育责任。子女从小到大都离不开父母，父母不仅是孩子的第一任老师，而且是孩子的常任老师。非智力因素的培养赖于家长的言传身教，潜移默化，因此，抚养为主的陈旧观念必须改变，要树立教养结合，以教为主的新观念。那些长期在外打工的父母更要加强对孩子的教育，经常回来了解孩子的具体生活和学习情况，经常与孩子电话沟通。

2.建立民主型家教新模式。不少家长由于受到封建道德伦理观念的影响，片面强调家长权威，"父母说了算"使孩子产生孤独感和压抑感，人为

地扩大"代沟"，尤其是孩子的中学阶段，随着自我独立意识加强更易产生隔阂。这是与时代精神背道而驰的，也不利于子女的教育。现代青少年需要人格的尊重，心灵的沟通，精神的解放，他们不是被"征服"的对象，而是能动的主体，家长必须摒弃专制的陈旧观念，掌握孩子的特点，尊重孩子的意愿，相信孩子的能力，创造一个民主宽松、亲切和睦、团结互助、健康向上的家庭环境。

3.树立"未来"的观念，变单纯注重学习为关心孩子德、智、体、美、劳全面发展。教育是对未来负责，未来的竞争主要是人才竞争，需要将孩子培养成身心俱健、智德双全、精神丰富、拼搏进取、创造性强的和谐发展的社会新人。

4.家长应加强学习，提高自身素质。家长要学习系统的家庭教育理论，不断更新知识，跟上时代发展步伐，运用合乎当代孩子成长需要的正确方法和手段施教，从而使家庭教育活动取得显著成效。

总之，我们正处于一个不断发展的新时代，更新家庭教育观念，提高家庭教育水平，对全面贯彻教育的整体优化、推动社会主义精神文明建设、促进和谐社会发展、建立正确的家庭模式起着至关重要的作用。要想教育取得成功，必须从家庭着手，教育的起点不是小学、不是幼儿园，而是家庭！学校的存在不能减轻家庭的教育责任，相反，家庭只有正确地发挥它的主体性，才会提高学校存在的价值。

浅谈家长素质及教育方式对学生心理健康的影响

随着我国社会主义市场经济改革的不断深入和发展，对教育提出更新更高的要求，也给学校带来更多的管理难题，尤其是给班主任的管理带来更大的难度。有些学生出入网吧、KTV等娱乐场所，使得他们无心上学，对他们产生了很多不良影响。同时，学生情绪不稳定、性格脆弱、独立能力差、心理承受能力低等问题也影响着学生的身心健康发展。因此，预防和医治不健康的心理，探索学生心理不健康的成因，显得尤为必要。理论和实践经验都告诉我们，在学生心理健康发展的过程中，家庭起着重要的作用，家长的综合素质及一言一行，家长的教育方式深深地影响着学生的心理健康状况及发展。

为积极推进素质教育，探讨学校、家庭、社会等诸多因素对孩子心理健康的影响显得尤为重要。家庭是学生的第一课堂，刘勰在《文心雕龙》中提出"童子雕琢，必先雅制"，因此，要想使学生有一个好的开始，必须先有着良好的家庭教育，也就要求学生家长有着良好的文化和思想素养。因为家长的素质是家庭教育质量的基础，直接影响着孩子心理健康的发展，要想提高家庭教育的质量，必先提高家长的素质。作为孩子的第一任也是终身教师，家长素质的高低直接关系其对孩子的教育。最近的一项调查结果表明，我国的家庭中不少家长缺少科学的教育理论指导，面对孩子的教育问题感到无所适从。不少家长只关心学生的智力发展，忽视其他方面的发展，甚至淡化学生的心理健康的发展。如很多家长把要求孩子获得高分摆在家庭教育的首位，而不注重孩子其他方面的发展。有的家长误解素质教育，逼迫孩子学乐器、学美术等，以为这就是素质教育。有的家长误认为素质教育是让孩子少做作业或不做作业。有的家长认为孩子成材与否完全是学校老师的责任，与己无关，根本不考虑自身素质对孩子会产生多么大的心理影响——意识不到自己作为"第一任老师"的重任。甚至认为给孩子吃好穿好就尽到了做父母应尽的全部责任。

那么，家长的素质包括哪些方面？这些又是怎样影响着学生的心理健康呢？

一、要有良好的思想品质

父母要加强自身的政治思想和道德品质方面的修养，父母的品质，无时不在影响着孩子，家长有无强烈的事业心，有无积极的生活态度，有无正直的品格，有无宽阔的胸怀，都直接影响着子女的道德品质和思想观念。我们都知道"岳母刺字"这个故事，岳飞的母亲在岳飞身上刺上"精忠报国"四字，来警醒和教育岳飞长大了勿忘祖国。在岳飞母亲可贵人格的熏染下，岳飞最终成为一名爱国名将，成为中华民族的骄傲。

二、要有文化科学知识

博学多才的家长无疑更能获得子女的敬仰。家长渴求文化知识，勤奋好学，会对孩子产生良好的影响。在科技迅速发展的今天，家长必须努力学习和掌握一些文学、史学、语言、教育学、卫生学、营养学等方面的知识。既要主动辅导孩子学习，教给孩子科学的方法，又要对孩子提出的一些基本问题作出较满意、正确的回答。若孩子一问，家长"三不知"或回答中出现知识性错误，这将对子女的学习和成才带来不利影响。

三、要加强自身言行的修养

家长的言谈、举止、仪表是其内在心灵的表现，是思想品质和文化素质的具体反映。家长要十分注意自己的言行及仪表修养。孩子在学校时，老师苦口婆心的教育其要讲文明懂礼貌，可到了家里呢？父母粗话脏话连篇；孩子在校时，老师教育其要正直，而到家里呢？父母因是某某单位的实权派，时不时收受贿赂，这怎么会不影响到孩子呢？有的父母教育孩子要爱祖国爱他人，而他们自己却时有贪公家的便宜、时常为了和朋友打麻将喝醉酒请"病假"；有的父母经常为了一些鸡毛蒜皮的小事大骂出口、大打出手，父母自己生活不检点必然造成孩子心理的不健康——孩子耳濡目染的是父母的生活小节。

四、要有良好的生活习惯

如让孩子早睡早起，让孩子按时到校，让孩子饭前便后洗手，让孩子对长辈有礼貌，等等，自己却做不到——不孝敬孩了的爷爷奶奶，经常打麻将到深夜……父母的口是心非，己所不欲却施于人，孩子会对父母产生不信任甚至怀疑的心理，长此以往，孩子的心理还能健康吗？

五、要有强烈的进取心和责任感

家长的进取心表现在通过不断地学习来充实和提高自己，不断地追求理想和目标等；家长的责任感表现在强烈的事业心和爱岗敬业的精神。家长的事业心、责任感和进取精神本身对孩子就是一种教育，会对孩子的学习态度及人生观产生重要影响。

六、要有正确的家教观念

丰富的家教知识，科学地教育子女的方式都是提高家庭教育水平所必需的。但现阶段，更新家教观念，树立新的人才观、育人观才是家长走出传统家教误区的关键。

七、要有健康的心理品质

家长拥有健康的心理是培养孩子健康心理的基础，直接关系着孩子的心理是否健康。

1.家长的素质高低决定着家庭夫妻之间关系和谐与否。若孩子生活在充满矛盾、父母的要求不一致的环境中，这种环境中缺少宁静、平和、幸福的氛围，十分不利于孩子的健康成长。

2.家长素质的高低决定着对孩子是否盲目期望。心理学家的研究表明，家长对子女过高或过低的期望对孩子的心理健康发展都是不利的——过高的期望会使孩子产生恐惧、挫折感、压抑甚至是敌视等不良心理；过低的期望则容易使孩子对自我的评价过低，产生自卑感、自暴自弃等不良心理。

3.家长的素质决定着其家庭教育方式。家庭教育方式对学生心理健康具有直接的影响。不良的家庭教育方式对学生的心理健康起着不良的影响。

哪些是不良的家庭教育方式呢？

1.溺爱。表现为爱的过度、没有原则的爱。溺爱是不良的家庭教育中最为普遍的一种教育方式。因大部分家庭是独生子女，几个大人同时宠着一个孩子——好吃的留着，好穿的随意，好玩的任意等；现在经济条件好了、物质生活优越了，不想让孩子受苦自认为是对孩子最大的爱。甚至有些家长只求孩子学习好，其他都无所谓。这必然造成孩子以我为中心、情绪幼稚、依赖性强、受挫能力差、助长贪欲等。

2.误认为"棍棒底下出孝子"。孩子成绩差了、做错了事，凡事用打来解决。更甚者，有的家长因自己遇到挫折，一气一怒之下，把孩子当成了"出气筒"。这种家教方式往往导致孩子出现自卑、犹豫、说谎、暴力等心理，甚至离家出走。

3.教育态度、方式不一致。夫妻之间，一个教一个唱反调；父母在教育，老人在大喊：要打先打我。为了免打，孩子有时甚至会说谎。

4.期望过高，压力过大。希望孩子样样拔尖，逼他报各种各样的培训班、补习班、加强班，给孩子制定不符合实际的目标，其结果会导致孩子厌学、逃学、焦虑、压抑、绝望甚至离家出走。

5.放任自流。有些家长忙生计，忙麻将，对孩子去哪了、与谁玩、作业完成情况等放任不管，其结果导致孩子行为没规范、生活没定向、随心所欲、易染上恶习等。

6.纵容包庇。有的家长迁就孩子的错误，老师批评他辩护，与同学打架他反而鼓励，长此以往，必然导致孩子的心理不健康。

7.包办代替。有些家长认为只要孩子学习好不生病，自己累死累活都情愿，生活中子女衣来伸手饭来张口，结果培养出一个懒惰的孩子，等长大了该自己做的事情也等着别人、靠着别人，没有责任心，丢三落四。对于一个什么事都不愿干，也不会干的孩子，将来生存都有困难，我们怎么还能指望他有出息？

综上所述，家长素质的高低，教育方式是否正确，对孩子的心理是否健康往往起到决定作用。这务必应引起家长学校社会的高度重视，因为孩子心理健康与否直接关系着一个国家一个民族的未来。

家长对孩子成长的影响

　　当前，中国许多家长非常重视孩子的教育，千方百计，倾其所有，尽可能地改善孩子的教育环境，为孩子找好一点的学校，以期提高孩子的学习成绩。家长们却没有意识到自身在孩子成长过程中产生的重要作用。家长总以为把孩子送进学校，孩子的教育问题就完全由学校老师负责，他们没有意识到，如果家长不注重自身素质的提高，孩子在家庭生活中没有养成良好的生活习惯和学习习惯，这个孩子就很可能成为学校的"后进生""问题学生"。如果孩子在家庭里养成了坏性格和坏习惯，那么，无论学校的教师多么努力，这些学生素质与能力都很难提高，很难实现家长的愿望。

　　所以家长需要考虑的一个事实是：影响孩子成绩的主要因素不是学校，而是家长。

一、家长的经济状况对学生的影响

美国的斯特娜夫人对中国的发展有一个大胆的猜想。她说："中国是最早开设学校的国家，尽管如此，他们的文明落后了。这是由于他们没有认识到妇女教育的必要。过去，中国人认为妇女不应受教育，因此，中国大多数妇女是文盲，也不进行家庭教育。要知受不到母亲教育的国民决不能成为伟大的国民。"

现在看来，这个美国人的猜想并不完全对，因为目前中国妇女受教育的状况已经大大改善。不过，这个猜想有一点是符合事实的：中国是重视学校教育的，中国家长普遍愿意把孩子成长的责任全部交给老师。如果孩子的成长出现了问题，家长更愿意指责学校的老师，而不愿意承认是自己家庭教育的失职。

事实上，也并非只有中国家长才犯这样的错误。1966年，美国的科尔曼博士发表了一份教育调查报告，他研究的主题是学校教育问题，但他促使美国政府和美国家长开始关注家庭教育对孩子成长的影响。1966年，科尔曼向国会递交了关于教育机会平等性的报告，这就是教育史上著名的《科尔曼报告》。这个调查研究的结果令美国人大吃一惊：人们只知道，黑人学生的文化教育水平相对较低，而且越往后差距越大。原来人们都认为是黑人所在学校的教学条件造成的，调查结果却发现，黑人学校和白人学校在校舍设施、教师工资等有形条件上的差别，并不像人们想象的那么大。造成黑人学生学习水平低的原因，主要是学生的家庭环境。《科尔曼报告》发表后，美国人开始从两个方面调整自己对教育的看法：一是重视学校教育质量评估，二是重视学校教育背后的家庭教育。

由此看来，家长的经济状况会影响孩子在学校的学习成绩，这是一个事实。我们课题组做过调查，结果显示：父母的经济收入与孩子的成绩水平存在一定的正相关性，表明父母的经济收入水平对孩子的成绩有重要影响。

这个调查研究的结果并不意味着穷人的孩子就注定了成绩低下，因为贫穷本身就是一种重要的教育资源。如果孩子真实地体验了家长劳动的辛苦，那么，孩子会更容易产生改变命运的责任感和使命感。不过，贫穷虽然是重要的教育资源，但也并非越贫穷越有利于孩子的成长。

一般地说，经济状况较好的家庭有利于孩子的成长和发展。但是，也并非所有的富裕家庭的孩子都有好的学习成绩，原因在于：富裕是一种高级的教育资源，高级的教育资源需要家长有高级的教育方式。西方人的经验是："培育一个贵族需要三代人的努力。"否则，如果孩子因家庭富裕而四体不勤、傲慢虚荣，那么富裕不仅不是孩子成长的资源，反而成为孩子成长的祸害。中国的民间经验是："富不过三代。"遗憾的是"富不过三代"这条古训几乎成为中国家庭教育的咒语。

二、父母打工或者工作繁忙对学生的影响

学生之所以不适应学校生活，除了父母不能为孩子的成长提供必要的教育资源之外，还有一个重要原因：父母没有陪伴孩子的成长，把孩子交给了（外）祖父母。中国的家长越来越忙，忙于工作，忙于挣钱。于是，越来越多的家长放弃了对孩子的陪伴，使孩子成为了留守学生。他们认为重要的不是陪伴孩子，而是为孩子上学筹集学费。他们的设想是：孩子太小，还没有到学习的年龄，只要吃好、穿好就行，等孩子长大一些，到了要上学的年龄，再把孩子接过来。他们不知道，孩子从零岁开始，就已经进入"非正式学习"的年龄。孩子在入学之前，家长必须为他们提供相关的教育训练，让他们为入学做好足够的准备。如果孩子在入学之前没有建立相关的生活习惯和学习习惯，那么，从孩子进入学校的那一天开始，他就随时处于成长的危险期中。

并非（外）祖父母就一定不能教育孩子，在中外历史上，从来不缺乏他们教育孩子成功的案例。年轻的父母如果自己太忙，而孩子的（外）祖父母有足够的教育智慧来教育孩子，当然也可以让（外）祖父母来教育，

并且应该尊重他们的教育智慧。既希望（外）祖父母照看孩子，又不尊重（外）祖父母的教育方式，这对他们是不公平的。如果年轻的父母对（外）祖父母的教育方式在整体上感到不满，而他们又固执地坚持自己的意见，那么，年轻的父母可以考虑全面接管自己的孩子。如果年轻的父母对（外）祖父母的教育方式在整体上感到满意，只在一些细节上有分歧，那么，年轻的父母可以试着和他们商谈。如果（外）祖父母坚持自己的意见，年轻的父母应该学会容忍和妥协。世界上不少名人在回忆自己小时候的成长经历时，常常会提到一个温暖的（外）祖父母，他们曾经对他的成长产生了重要的影响。

可是，随着时代的发展和环境的变化，（外）祖父母在教育孩子时，也遇到了新的难题。

过去的（外）祖父母教育孩子的时候，其周围是一个田园式的环境。现在，田园没了，变成了工厂，变成拥挤的、有大量流动人口的社区。工厂和流动人口并不是坏事，但它给孩子的成长带来了危险。社区里到处是网吧，甚至在某些角落有人在贩卖毒品或各种淫秽的盗版碟片。当我们现在的社会已经变得是（外）祖父母根本无法理解的时候，教育好孙辈一代的任务会变得越来越艰巨。

在农业社会，在手工业时代，"四世同堂""三世同堂"是常见的家庭生活结构。在"四世同堂""三世同堂"的环境中，父母的教育方式和祖父母的教育方式往往保持着某种对立统一的平衡。如果孩子的父母过于严厉，孩子的祖父母就会比较宽松；如果孩子的父母过于溺爱，孩子的祖父母就会比较严格。正如吴稼祥所说："祖母语录比许多导师指示更有价值。很多人格芳菲的人，都有祖母语录作为人生的指南。"也就是说，以往祖父母之所以能够有效地教育小孩，并不是因为孩子的祖父母比孩子的父母更懂教育，而是因为孩子在接受父母教育的同时也接受祖父母的教育。祖父母的教育是父母教育的延续和补充。这样两代人去教育一代人，互为补充，孩子自然就受到多方面的教育。孩子就更容易形成健康的心理。

家长外出打工或因工作繁忙，把孩子交给祖父母或外祖父母，他们有的只关注孩子吃穿等物质方面的需求，却忽视了对孩子的亲情教育。孩子远离父母，时间久了，产生了感情上的隔阂，觉得父母不重视他，觉得自己成了家庭中一个不重要的人。这些孩子在学校很可能会成为"问题儿童"：他会成为默默无语的沉默者，或者，成为侵犯他人的捣乱者、攻击者。更严重的问题是，这样的孩子可能永远找不到亲近父母的感觉，他们甚至会仇视父母，与父母发生永无休止的争吵和争斗。父母的愧疚心很容易被孩子利用，成为孩子反叛父母、仇视父母的理由。

三、家长的"爱"对孩子的影响

如果期望孩子成为独立健康的人，父母自己必须选择过独立的生活。有时候，不是孩子离不开家长，而是家长离不开孩子，家长把孩子当作世界的中心。如果家长完全围绕孩子转而没有了自己的生活，这样的家长常常会以爱的名义干扰孩子的成长。《曾国藩家训》里反复出现两个训诫：一是必须劳动；二是必须独立。为了使儿女独立做事，健康成长，家长自己需要过独立的生活，不必过于牵挂儿女。正如曾国藩所说："吾观乡里贫家儿女，愈看得贱愈易长大，富户儿女，愈看得娇愈难成器。尔夫妇视儿女过于娇贵。"

教育孩子需要家长愿意为孩子付出必要的时间、精力和爱心，但仅仅为孩子付出时间、精力和爱心是不够的。如果没有教育的专业智慧和专业技巧，家长的时间、精力和爱心会让孩子感到厌恶。总有家长整天陪伴孩子并愿意为孩子付出一切，但孩子并不领情。对于教育孩子来说，光有爱心是不够的，爱心甚至可能让孩子反感，因为父母可能不知不觉以爱的名义、以"我都是为你好"的名义压制或破坏了孩子的成长。家长认为"我都是为你好"，就可以不尊重孩子的选择，强迫孩子无休无止地学习知识或某项技能。甚至节假日还让孩子学习电子琴、钢琴、舞蹈……并美其名曰：提高孩子的艺术修养。殊不知孩子非常反感，在这样的情况下，再逼迫孩子，结果是家长也并不能如愿。

家庭教育的种种失败，往往从极端的"一切为了孩子"开始。家庭教育的改善，也必须从过去的"一切为了孩子"的颠覆开始。父母应该拿出足够的勇气告诉自己，也告诉所有人：一切为了自身的幸福。正常的因果关系是：先有夫妻之间的幸福婚姻，才可能有孩子的幸福成长。不要颠倒了家庭教育中的因果关系，颠倒的后果是：夫妻之间忽视了正常而幸福的婚姻生活，孩子无法从父母那里感受到家庭生活的恩爱与美好，成长陷入困境。

　　成功的家庭教育始于幸福的婚姻，先有幸福的婚姻生活，后有成功的家庭教育。如果夫妻之间为了孩子的教育而忘记了自己，这样的后果是：父母的期望将使孩子承受沉重的压力，父母会以爱孩子为借口、以爱的名义破坏孩子的成长。

优化家教　净化学生心灵

在与许多家长交谈中发现，无论孩子年龄大小都会遇到很多相似的问题，如现在的孩子非常难管，他们非常不听话，甚至不爱学习，有许多还有不良习惯。面对这些，家长或者采取了暴力措施，打骂是家常饭，更有冷言冷语；或者一步步忍让，铸造了溺爱的温床；或者一味抓孩子的学习，全然不顾孩子的品质问题；等等。长此以往，家长与孩子就会出现矛盾，此矛盾的症结在于家长忽略了显性教育的局限性。例如，集体主义、为人民服务、爱国主义精神、人道主义、革命理想等，讲的都是概念、观点和原理性的东西，可操作性不强。而对学生作为一个公民，起码必备的团结友爱、讲卫生、懂礼貌、爱护环境等道德行为，却很少规范和约束，致使他们不愿从小事做起，更不注重自身的形象，令行为与认知不一致，理论与实践相脱节。从道德教育方法上看，显性教育一个很明显的特征就是集体灌输。这不仅忽视了学生的个性，不利于学生主动性的发挥，更容易引起学生的反感。显然，传统的显性教育在封闭的环境中进行，缺乏对现实的关注，难以完成对学生道德品质、道德智慧的培养，而道德教育的任务应是培养学生的分析辨别能力和择善而从的能力。

一、家庭教育的走不出误区

（一）误区一：对孩子的教育失去信心

与家长谈话时，家长常常第一句话便说"现在的孩子太难管了"。什么样的人才称得上"管"，在职业里，警察管治安，管交通等；领导管下属等，"管"字强势出现，会让孩子感觉非常不自在，小的时候表现得还不明显，但随着孩子渐渐长大，他会觉得这样的家长角色他们很难接受。再说管是非常累的，什么都得管，吃喝拉撒日常起居不算，还得参加各种各样的复习班，唯恐孩子落在起跑线上。显性的学习方面的起跑线，非常好找，但真正的起跑线是品质与学会做人做事，却被家长抛到九霄云外了，这是不是捡了芝麻，丢了西瓜。我并不反对抓孩子的学习，不仅要抓而且还要抓好，因为未来社会是一个竞争的社会，没有知识寸步难行。我说的抓学习首先要让孩子明白学习的重要性，如果学习中他缺少主动性，即使你给他报了名，他的心不在课堂上，学习效果也会大打折扣。家长的角色是一面镜子，以人为镜是为了让他们知道什么是好的，什么是坏的，而且从家长的经验中，找到自己应该学到的间接经验，少犯错误，少走弯路。

（二）误区二：功利性思想侵蚀孩子纯洁心灵

这是我目睹的城镇街头小景：一个赤日炎炎的夏天中午，母携子匆匆赶路，至红绿灯交叉口，灯红红地亮着，此时，一人力车夫拼命蹬车上坡，大汗淋漓，满脸通红，见红灯戛然而止，整个上衣湿透了；这时忽见一辆豪华轿车，风驰电掣穿红灯而去，留下了一缕轻烟。这时，这位母亲抓住机会进行情景教育："儿子，你看这个车子多威风啊！长大了像他这样有权有势就好了。"然后又指着气喘吁吁的人力车夫，"你看他，累得满头大汗，一次只能踩到一元钱，每月还要交管理费，多没出息啊！"在这样的现实面前，在母亲的因势利导之下，儿子幼小的心灵产生了震撼，这震撼既有人类本能的欲望诱因，更有大人们的思想驱使，这种情景教育，上升为强大的功利之潮，裹挟着一代代人为享受而生活，为利益而追逐，赴汤蹈火趋之若鹜。

要求儿子做一个威风凛凛的富者，不管他是不是闯红灯；决不要儿子做一个自食其力的底层劳动者，尽管他循规蹈矩遵守规则。这是功利性的实用主义教育观，重视目的轻视手段，重视结果轻视过程。尽管我们的教科书中等贵贱、均贫富、齐生死成为人类向往的永恒主题，思想道德主旋律也是提倡民主与平等。然而现实终归是现实，世俗的一面，当下的享受，让人耳濡目染，它的结果却是教科书的反面：嫌贫爱富，趋贵拒贱，贪生怕死。

如此生动的情景教育，无时不在，无处不有，并见缝插针，活学活用。对此，我困惑，又不能不安于困惑；我无言，又本能地呼喊几声。我知道，这微弱的呼喊无济于事。

（三）误区三：优化的家庭教育的方式缺失

家长会对孩子的学习问题大伤甚至伤透脑筋，其实大可不必如此。"天生我才必有用。"想想自己小时也未必是最优秀的，从遗传学分析，人的遗传基因对人的影响比较大。"种瓜得瓜，种豆得豆，老鼠的儿子会打洞。"在教育孩子的时候，我们也要做到客观，既然我们都很难做到的事，为什么非得逼迫他们赴汤蹈火呢？为什么他们就得不折不扣的走我们为他们设计的路呢？生活中已经有很多活生生的例子，由于孩子与家长的目标不同，而发生的人生悲剧，有的父母被杀，有的孩子被杀，这一切我们都得引以为戒啊。家长的教育方式直接影响着孩子的未来成长和发展。

（四）误区四：对孩子期望值过高

孩子渴望成功，我们给他们设计的最大成功就是考入某某大学，考进某某专业。但我们的行为正在把孩子的成功放大，甚至让孩子感觉那是海市蜃楼，空中楼阁，遥不可及。因为他们阅历尚浅，他们对未来一无所知，他们知道的只有现实。这个现实却被家长给忽略了，让孩子总往前看是有必要的，但一味向前看，却容易让孩子失去了现在。很多家长不明白，把握今天才是拥有明天的开始。没有今天的小成功就没有明天的大成功、大发展。"不积跬步，无以至千里"说的就是这个道理。

二、用心教育就会成为合格家长

（一）学会反思自我

当孩子遇到问题的时候，家长往往会把责任推给孩子，好像自己没有一点问题似的。其实家长自身存在的问题可能比孩子更多更大，因为我们是成人，有分辨是非的能力，而让孩子去理解一些成人才知道的道理是难以实现的。再说，家长有属于自己的生活空间，但孩子的生活空间却很小。遇到问题我们首先得学会冷静处理问题，把握问题的实质。这跟学历、年龄没有关系，关键是有没有这样做的愿望。学会反思自己的行为，家长会给孩子传递一个非常明确的信息，人无完人，金无足赤。做任何事都需要一个过程，学会知错就改，剖析得失。

（二）设法走进孩子的心灵

孩子实际上很孤独，他们几乎很少有自己的心理空间。在与家长沟通后，如果得不到理解，有的人会把这种孤独感转移到网络游戏、网络聊天等方式上，有些还会发展到沉迷于网络游戏难以自拔。原因何在？在孩子第一次想与你交谈的时候，你却以工作忙为由把他从身边推开了。从开始的积极、到消极、最后到放弃与家长交流的想法，是一个非常痛苦的过程。因为他们要放弃世上最最重要的亲情，去面对一个全然不知的世界，要用自己的善良去面对这个变化莫测的世界。

走进孩子的内心世界其实并不难。首先，多与孩子交流。不要用管教的口气与孩子说话。小的时候可以用交朋友的方式来交流，他喜欢什么，不喜欢什么，谁是他的朋友，在学校里他在群体中的角色等，都可以在交流中获取信息。分析他有没有什么心理问题，如果他不愿意与同学在一起，可能是由于他太霸道、太自私等。如果出现了问题，我们得抓紧时间来帮助他走出心理的阴影。教会他们用阳光心态来看待生活，接受生活中的一切，不能钻牛角尖，要学会换位思考，能体谅别人的感受等。其次，与孩子一起玩耍、读书。与孩子玩耍可以了解他是不是有毅力，在做游戏的过程中，比方下棋，我不提倡让子，因为这样他会把自己看成是弱势群体，会影响他的胆量。让他能够用平和的心态对待输赢，永不放弃，用自己的努力去争取胜利。读书是人生中最重要的活动，活到老学到老，家长首先要成为学习的楷模，家里充满书香，让孩子汲取知识的营养。在众多名著中，让他找到自己人生中应该学习的榜样，用榜样的力量来影响他一生的发展。再就是，要用宽容的心态理解孩子的错误。"海纳百川，有容乃大。"父母要能包容孩子的一切，犯错误的孩子也是你的孩子，不犯错误的孩子是没有的，也是不符合教育规律的。孩子的成长需要一个过程，一个从无知到有知，从懵懂到懂行，那是一个人生成长的轨迹。家长要做好思想准备，接受他的错误，并帮助他改正错误。

（三）家长之间教育理念方式务必要协调一致

孩子有自我保护心理，他会找最有利于自己的一位。如果爸爸大方，买东西找爸爸。妈妈严厉，考试成绩好给妈妈看，能得到好脸色，不好给爸爸看，能博得同情和理解。反正，他们会把大人研究透彻。因此，家长之间的配合就显得尤为重要。如果一个说东，一个说西，会让孩子无所适从，孩子会表现出不稳定，没有心思专心做一件事。所以，当要求孩子做一些事情时，父母双方不能随意改变心意。遇到问题时，一起讨论商量，教育孩子不是哪个人的事，而是父母共同的事情。妈妈教会孩子细心、善良，爸爸教会孩子勇敢、创新。既要分工明确，又要统一和谐，这样效果才能达到最佳。

教育孩子如同爬山，既要有明确的目标，又要避免这山看着那山高。孩子人生路上，要爬的山很多，需要他自己去完成自己的人生之路。家长的作用就是在他前面引路，需要时伸手拉一把，不需要时，各人走各人的路，唯有如此，才能成就孩子的灿烂人生。

第五篇　注重文化　成就名校

促进学校文化建设　注重学生课外教育

新课改形势下，课外教育是当前唱响素质教育的一项重要内容，一所学校若想为社会培养健康向上的素质人才，务必注重学校文化建设。课外教育内涵很丰富，主要指思想情操、实践能力、文化素养、人文精神、身心健康等的教育。它包括体育锻炼、科普创意创新、爱国主义读书活动、朗诵演讲比赛、心理健康咨询等活动。面对国家大力推行素质教育的现实，各校务必让课外教育落地生根，除了要求课堂45分钟有质量有效率，更要重视学生综合素质和实践能力的培养。我们教师绝不能再固守传统教学模式，一味地注重文化知识的传授、片面追求升学率。加强学校文化建设对培养学生的综合素质至关重要。学校文化是实施课外教育的一个重要载体。一所学校的校貌校风校纪、师的幸福、生的快乐、道德规范、行为准则、心理趋向、核心价值观念等，总是折射出独特的学校文化凝聚力、感染力和震撼力，彰显着这所学校的办学品位。

153

一、课外教育为学校文化建设夯实了基础

优良的学校文化，有利于营造学生健康向上的心理，培养良好的心理承受能力以及和谐的人际关系，能够为学生将来适应社会打下坚实的基础。面对日益激烈的人才竞争，学生的健康心理和过硬的实践能力显得尤其重要。

1.课外教育有助于学生思想觉悟的提高。实践证明，传统的思想工作的教育效果不尽如人意，而学校文化建设是学校德育工作的有效形式。故此，学校文化建设是对学生健康心理和实践能力培养的最有效的途径之一。

2.课外教育可以促进学生的身心健康，培养他们对社会环境的适应能力。课外教育给他们提供了一个展示、表现、提高自我的平台，也为他们提供了一片广阔天地。丰富多彩的学校文化活动，给学校校园增添了一种向上的气氛和活力，对学生的身心健康发展有着极大的促进作用。学生参加课外实践活动，有利于锻炼他们的综合能力，也有利于让他们深刻认识到自身的长处及不足，进一步提高自我批判和自我发展的能力。

3.课外教育有利于促进学生的人格完善和良好精神风貌的形成。通过开展各种课外兴趣班营造出良好的校园文化氛围，可以在潜移默化当中陶冶学生的情操、美化学生的心灵，进一步帮助他们主动提高和完善自己。

4.课外教育的内容丰富多彩。既兼顾教育与情趣、知识与娱乐、活动与安适，尽力让学生根据天资所好、扬长避短、各取所需。同时也让学生在参与中得到锻炼、得到快乐，达到寓教于乐的效果。

二、课外教育是营造学校文化建设的和谐之路

学校文化建设的宗旨是使学生掌握课外知识、培养个性、陶冶情操、发展能力、提高素质。传统教育在强调教育功能和途径时，过于注重教书育人、管理育人，而淡化了环境育人、课外育人。其实学生正确的人生观

的树立，高尚道德人格的养成，健康审美趣味的提升，无不受到积极向上的学校文化的熏陶和影响。学校文化建设是一所学校稳步发展的基石，是一所学校办学理念、科学管理、高洁人品等智慧的凝聚与彰显，是一届届师生优良品格的结晶，是学生学得快乐、教师教得幸福的不竭之源。

1.课外教育的内质在于注重学生人生价值观和世界观的培养，注重创新精神和实践能力的培养。不仅重视培养学生学会做事，更重视培养学生学会做人的教育理念。传播知识培养能力往往只解决如何"做事"，而提高综合素质则更多的是解决如何"做人"，只有将"做事"与"做人"有机结合，才是理想完整的教育。

2.在校学生正值可塑性最强的时期，学校教给学生的，不仅仅是知识技能，更应是一种受用终身的科学精神和人文素养。应试教育目前还存在着选拔单一、重智轻德等问题，课外教育可以在一定程度上弥补了这一短板。

3.课外教育本来就是一种"外在"的东西，能不断启发学生的内驱力，培养学生的自我意识与自律精神。内驱力的启动必须以一个强有力的"自我"为基础，因而帮助学生认识"自我"，是综合教育的一个重要方面。

4.课外教育有助于学生找到展示自我的平台。教育是人自我发展的过程，是学生才能显露的过程。学校文化建设的任务是帮助他们发现自身的优势，并努力提供其发展的各种条件。中学是潜在人才的聚集地，要为潜在人才的成长提供条件，创设共性与个性教育相结合，群体教育与个体教育相结合的环境。在学校文化中开展各种典型榜样教育，激发学生自我发展，塑造自我。

5.学校文化活动应以学生爱好为主，自愿参加、自己创作、自由组合，不拘形式和内容，充分挖掘学生的潜能，激发他们创造的积极性，增强他们的自信心。比如球赛和趣味体育大比拼活动中各司其职又协调配合的规则，棋赛中的棋艺、棋德都可以给学生带来多方面的启示和教益，这些活动寓教于乐，学生都十分愿意参与。

155

三、课外教育是促进学校文化建设与中学素质教育的重要举措

学校文化建设注重提升学校文化"物"的品位，更注重了对"人"的塑造。它在多维变化的过程中通过取舍、提炼和升华，形成具有核心意义的课外教育。

1.好的校园环境不但布局合理、格调高雅，而且特色鲜明、内涵丰富，促使教师教风端正、作风纯正，能教化学子养性修身、慧能强智。因此，学校课外教育注重对师生形象的打造，有利于形成优异的校风、教风、学风。

2.一所学校如果已经形成了自己独特的校园精神——拼搏进取的学风、浓郁的教风，纪律严明的校风，就能使学生形成较强的辨别力，就会有力抵制社会不良思想文化的侵蚀，厌学、舞弊之风就难成气候。使这所学校不仅充满时代气息、富有青春的活力，而且可以帮助学生实现理想和追求。因此，学校文化建设集中体现的是校风、校貌、校训，最高表现为校园精神。

四、学校文化建设是弘扬人文精神、培养特长生之航标

未来人才素质的衡量标尺，不仅表现在专业知识技能上和适应社会的技能上，还表现在过硬的综合素质上。其中人文素质居重要地位，人文素质绝非一般的知识特征，它是一种性格特征，一种精神状态、一种综合素质。学校文化建设中必须弘扬人文精神，培养人文底蕴，提高人文素质。

1.人文精神既是一种理性意识，也是一种非理性的体验；它既表现为一定的知识形态，也蕴含着一定的价值观念；它既是一种积极的生命追求，也是一种现实的行为规范。

2.素质教育说到底是为社会培养合格的建设者和接班人。一所学校教育成功与否，取决于培养出的学生有没有过硬的适应社会各个工作岗位的

能力。现代社会需要的人才应当兼具科学、人文双重品质，而文化底蕴是构成人的科学文化素质的根本，文化底蕴是否厚实直接影响人的科学文化素质的高低。

3.丰富完整的学校文化，有助于唤起学生改造和提升自己的强烈愿望。将知识传授与人文精神的熏陶结合起来，促进学生的全面发展。在学校教育中，形成高品位的文化素养，这就依赖于我们的课外教育，依赖于我们学校文化建设的加强。

学校文化建设与学生课外教育是相辅相成、相互促进的。建设健康向上的学校文化，对学生综合素质的发展起着重要的、不可替代的作用。

加强班级文化建设　提升校园文化品位

　　班级是学生在校生活的主要场所，班级的文化氛围对学生的健康成长起着极为重要的作用。为了营造更加和谐融洽、优美的校园环境，促进班级管理，形成富有特色的班级文化，增强学生的责任心和集体荣誉感，加强班级文化建设显得十分必要。我校在着力打造和谐校园、特色校园的基础上，把班级文化建设作为校园文化建设的重点，力求做到让"四壁说话"，让"每一堵墙"成为"无声的导师"。开学以来，学校多次召开校园文化建设会议，成立了校园文化建设领导小组，由学校团委牵头并拟定了以"建温馨班级，炫团队风采"为主题的班级文化建设方案，提出了班级文化建设"自主创新，以人为本，实用美观"方面的要求，并指出了具体的布置措施，既要有显性文化（环境布置），又要有隐性文化（班规、班训、班歌等）。在班主任与同学的共同努力下，一面面班级文化墙熠熠生辉、一朵朵"班级之花"竞相开放。文化墙上有体现同学们学习上你追我赶的"我能行我最棒"专栏，有展示成果的"文化长廊"，有浓厚学习氛围的"书海拾贝""捧着书本看世界"，有独具匠心的"文明树""智慧果"……各个班级新颖的构思，精美的设计和布置无不洋溢着浓浓的创新氛围。

通过班级文化建设，不仅提升了校园文化品位，而且使班级文化更加多元化，提高了班级管理水平。班级文化作为班级的精神营养，深深根植于师生心田，学校真正成为"人文校园，和谐之境"，成为师生温馨的学习乐园。

新学期伊始，我就构思好了我们班的文化建设方案，并和同学们一起创设了良好的班级文化教育情景，营造出宽松、愉悦的班级氛围。

常言道：一个有凝聚力的国家必是一个有深厚文化底蕴的国家，一个有经营力的企业必是一个有优秀文化的企业，一个有学习力的班级必是一个有文化氛围的班级，可见，不管是一个国家、一个企业还是一个班级，文化都显得尤为重要。

一、班级文化的含义及班级文化的基本内容

（一）班级文化的含义

班级文化有广义和狭义之分，广义的班级文化是指班级在长期的学习生活中所形成的物质文化和精神文化的总和。班级的物质文化主体是物，是有形的，主要有班级的桌椅摆放、教室布置、内务整理和学生着装等。精神文化主要指班级的理想信念、价值观念和行为准则，具体表现在班级的学风、班风和考风，这些都是无形的，也是最核心的。狭义的班级文化就是精神文化。

（二）班级文化建设的基本内容

广义的班级文化包括物质和精神两个方面，其基本内容应包括三个

层次：

1.表层文化：表层文化主要是表面上的文化，是通过眼睛能直接观察到的东西，它是精神文化的外在表现。表层文化主要就是物质文化，如桌椅摆放等，它尽管是表面的东西，但它很重要，它直接体现着班级的外在形象，影响着班级的精神风貌，左右着班级的外部评价。

2.幔层文化：幔层文化是夹在表层和深层之间的文化，是班级文化的进一步深化，不是浮在表面的东西，在表面通过眼睛看不到，要深入进去才能看到。主要表现在班级的规章制度建设上，班级的规章制度是班级文化的重要组成部分。

3.深层文化：深层文化是精神文化，是核心文化，是不能通过眼睛看到的，它只能被感受到。主要表现在班级共同的理想信念、价值观念和行为准则等。

二、班级文化建设的必要性

班级文化是班级整体精神风貌的体现，班级文化建设的必要性主要体现在以下几个方面：

（一）迎合中学生群体自身独特性的客观要求

中学生群体是渴求知识、崇尚文化的群体，是追求自由、向往民主的群体，是朝气蓬勃、可造可塑的群体。在国家危难时刻，中学生为挽救民族命运，为寻求强国之路，为奉献爱国之心，能够挺身而出，不屈不挠。在和平年代，中学生是祖国的未来，是民族的希望，是国家的潜在建设者。

（二）培养合格中学生的客观要求

中学生在学校学习的不仅仅有知识，更多的还有做人的道理。衡量人才的标准是德才兼备。所以，一个中学生是否合格，不仅要看考试分数的高低，还要看品德的好坏，如是否懂礼貌、是否讲文明、是否讲诚信，这些都是一个中学生所必备的素质。只有具备了文化修养，再加上所学的科学知识，这个中学生才是合格的。同时大家知道，合格的中学生是培养出来的，而培养中学生最直接的场所就是班级，那么班级环境的好坏，特别是班级文化的优劣直接影响着中学生的成长，进而影响着中学生未来的发展。

（三）管理班级的迫切要求

在班级管理中，只依靠规章制度约束被管理者是不可能面面俱到的，甚至还会遭到学生的抵触。比如，班级里可以规定不能迟到，不能旷课，上课期间不能玩手机等，但总有制度规定不到的地方，因为班级管理的细节实在太多，这就会出现制度的"盲点"，那么如何约束这些"盲点"呢？这就要靠班级文化去约束，如果一个班级倡导文明、讲礼貌，那么即使制度中没有规定上课期间进教室要先敲门，该班学生上课时进班级也会敲门的，否则的话就是不懂礼貌，会受到文化氛围的谴责。这就是文化的管理作用。

三、班级文化的作用

班级文化是班级管理的重要内容，它属于管理诸要素中的软要素，处于核心地位。它在班级管理中的作用十分重要。主要体现在以下几个方面：

（一）导向作用

导向就是引导，像导游一样，给游客指明方向。班级文化是全班同学共同的信念、价值观念和行为准则，引导着全体同学沿着正确的方向和道路前进。一个班级提倡什么、反对什么；鼓励什么，限制什么；喜欢什么，讨厌什么都应十分鲜明，这是保证正确方向的前提。

（二）凝聚作用

凝聚就是把东西聚合在一起，产生更大的力量。班级文化是理想的黏合剂，能使学生彼此合作、同心协力、和衷共济；能减少同学之间的摩擦，增强其内部的凝聚力。特别是在关键时候或遇到重大困难时，能使同学们挺身而出，为了班级的整体利益而不惜牺牲个人利益。强大的班级文化，绝对不会出现"临阵逃脱"的情况，绝对不会发生"我不干了"的事情，绝对不会形成"无人问津"的局面。没有了班级文化，一个班级必是一盘散沙，没有凝聚力和向心力，学生生活在这个集体当中会缺乏归属感和主人翁感。班级内部的凝聚力是由班级文化氛围营造的，当学生高兴时，班集体为他分享快乐；当学生不开心时，班集体为他分担痛苦，及时为他送上关怀和帮助。

（三）规范作用

班级文化的规范作用就是约束作用，它制约着学生的行为。我们知道，约束功能是通过制度和道德规范发生作用的，尽管制度也是班级文化的一部分，但它的约束作用是硬性的且不全面的，而道德规范是一种无形的、理性的和全面的约束，也是能赢得学生人心的约束。

（四）激励作用

激励就是激发干劲，从而更加主动、自觉、积极地去做某件事情。如果一个班级文化以人为中心，形成一种人人受重视，人人受尊重的文化氛围，那么这个班级的干劲就士气冲天，这就是一种"无形的精神驱动力"。这往往比金钱物质激励更有效果，比如理想激励，过去在革命战争年代，在那样艰苦的岁月里，许多人连饭都吃不饱、衣都穿不好、觉都睡不了，但为了共产主义理想，为了国家的前途，为了将来能过上好日子，他们的干劲和激情是空前高涨的。班级文化形成了，同样也能起到这么大的激励作用。

四、班级文化建设应注意的几个问题

（一）要有文化意识，在思想上高度重视

思想是行动的指南，有什么样的思想，就有什么样的行动。建设班级文化的前提是要求班主任和全班同学要有文化意识，必须认识到建设班级文化的必要性，认识到班级文化的重要作用。如果没有文化意识，思想上认为文化无足轻重，那么班级文化建设就无从谈起，就不可能建设出一个良好的班级文化。就像我们现在非常注重环境保护一样，是因为我们意识到了恶劣的环境：空气已不再新鲜、天空已不再蔚蓝、水已不再清澈、食品已不再安全。正是有了这种意识，我们才提出要建立生态文明，保护环境、保护家园、保护地球。

（二）要循序渐进，持之以恒，打好"持久"战

班级文化是班级全体同学在长期的学习生活中形成的。学生刚入校，他们来自不同的地方，他们性格各异，生活习惯各不相同，思维方式不一，要在一个集体中将学习和生活合理分配好，短时间内难以办到。新生刚刚入校，想在一两天后就形成班级文化，这是不可能的。文化建设要一步一个脚印，由表及里、由外到内循序渐进。先把表层文化建好，再考虑幔层文化，最后是深层文化。至于深层文化，就更要慢慢来了：一个班级的班风要经过一个学期甚至一个学年才能定型，一个班级的考风要经过数次考试才能显现，一个班级的班风要经过长期的碰撞磨合才能定格。即使班级文化形成了，也需要与时俱进，常抓不懈。所以，在班级文化建设上，想要一蹴而就，毕其功于一役的想法都是不现实的。

班级文化是班级的灵魂所在，是班级生存和发展的动力和成功的关键。俗话说："环境造就人。"一个班级的文化环境对于学生的熏陶是潜移默化的，它对学生的成长起到举足轻重的作用。

怎样才能构建多样性的班级文化呢？

古人云："蓬生麻中，不扶而直；白沙在涅，与之俱黑。"人是在一定的文化环境熏陶中成长起来的。对于中学生，由于他们正处在青春期，可塑性较强。我们应该构建多样性的班级文化，促进学生健康向上发展。

作为一名实验班班主任，我的班级里是一群既贪玩又富有个性的学生，面对这样的班级，我从以下几个方面来构建班级文化。

1.激励性的班级文化。苏霍姆林斯基说："只有激发学生去进行自我教育，才是真正的教育。"教室黑板上方除了悬挂国旗外，还写上简明扼要哲意隽永的班训："注意力是智慧的门户。"随时提醒学生们要认真听讲。把黑板左侧布置成"星光灿烂栏"，将每月评上学习、进步、卫生、文明、纪律之星的学生，用五颜六色的小五角星写上姓名，贴在专栏上。教室两边及后面墙壁上方也写上激励性的标语："学问勤中得，富裕俭中来。""不怕学问浅，就怕志气短。""专心每一天，成功每一科，力争每一分，不向困难低头，不向挫折低头，不向命运低头。我能！我行！"这些栏目和标语，让学生们置身于一种激励的教育环境中，催人进步。

2.自律性的班级文化。"人非圣贤，孰能无过？"自律性较差的学生上网、抽烟、打架等违纪事件是时有发生。对违纪学生，我不会迁就姑息。在采取因人因事而异的教育方式的同时，有一项处理是必不可少的，那就是在班级文化"自律专栏"里张贴学生的检查文章。一篇篇自律的文章，犹如一根根缰绳，羁绊了一匹匹烈马。

3.展示性的班级文化。"尺有所短，寸有所长。"每个人都有自己的长处和短处。学生进入高二年级后，在一些学科上掉队了，如何让这些掉队学生在教室里安下心来，除了开展丰富多彩的班级活动外，我将班级教室后面的大黑板改造成展示学生特长的乐园。按班规规定：每周六人合办一期黑板报。这六人既有明确的分工，也有密切的合作，他们在办报活动中，特长得到拓展，合作精神得到加强。每期的黑板报，一幅幅精美的绘画，一行行娟秀的文字，一篇篇哲理的文章，一张张巧妙的剪纸，会让人美不胜收。学生们看着自己的劳动成果，充满了自豪感。

4.熏陶性的班级文化。我们班建有"精美时文"文化角。文化角的书籍包括学生个人存放的书和其他违纪同学捐赠的书。对违纪学生赠送的书籍，我都要在扉页上写下几句话。如有一位叫张西亚（化名）的学生因违反规定上网吧，我在他赠送的书上写道："春种一粒粟，秋收万颗籽。现在本应该是你忙于播种的季节，你却糊里糊涂地走进网吧，让春种一荒再荒。老师希望你离开网吧，回到教室耕耘，像一条在小溪迁动的小鱼，迎着奔腾的浪花，畅游到大海里去！"启迪性的话语，写在书页里，配合着一篇篇精美哲理的文章，如同春雨滋润着学生们的心田，陶冶着学生们的情操，洗涤着学生们的灵魂。

班级多样性文化对学生的感染力是巨大的，它能使置身于其中的每一个学生都感到一种无形力量和高尚精神的存在，有意或无意地影响着、支配着学生的行为，去创造一个文明、勤奋、向上的班集体。

经过自己的实践，我认为班级文化建设在学校教育中具有强大的教育功能，具有重要的意义。

1.加强班级文化建设，能够营造宽松氛围，有利于学生创新意识的培养。班级文化建设的目的就是要在提高学生自身修养的基础上，营造一个和谐、民主的人文环境。在这个环境里，学生的思想得到解放，师生之间、学生之间的交流是平等的、多维的。在这个氛围里，学生勇于发现问题，敢于提出问题，努力解决问题，他们的创新意识就自然而然地得到培养和发展。

2.加强班级文化建设，能够创设多样情景，有利于学生创新精神的培养。通过班级文化建设，学生可以了解人类进步的艰难历程，可以感受伟人及科学家那种自觉的、勤奋的、实事求是的、不折不挠的敢于冒险、勇于创新的精神，并从中激发学生探究新知的兴趣和勇气。

3.加强班级文化建设，有助于培养学生的科学思维，丰富学生的想象力。爱因斯坦说过："想象力比知识更重要，因为知识是有限的，而想象力概括着世界上的一切，推动着进步，并且是知识进化的源泉。"文化传承着人类的知识和智慧。通过班级文化建设，学生的阅读能力、口头表达能力、组织活动能力及逻辑思维能力都将得到较大的提高。文化活动中提供的丰富的信息资源，有助于开阔学生的视野，提高学生的综合应用能力。另外，在班级文化活动中，学生在获取各种知识的同时，也将接受着科学思想的熏陶，养成良好的思维习惯，并由此产生创新的动机与灵感。

总之，班主任只有大力加强班级文化建设，把自己的真心投入到班级文化建设中，才能把自己的班级建设成为优秀的集体，才能把自己的学生培养成健康向上的新一代人才，才能建设一个温馨、和谐的校园。

教坛雨露

后　记

　　本书是作者从事教育教学、教育科研20年来的思考结晶，是个人对教育规律的探索、提炼、升华的经验总结。在教育主管部门专家顾问的指导和单位领导、同事的大力支持下，终于编撰完成，并顺利付梓出版。在此，谨向吴奇（阜阳市教育局教科所所长、特级教师）、沈松怀（阜阳市中学语文教育专业委员会秘书长）、陈刚（阜南县教育局局长、党组书记）、周培远（阜南县教研室主任）、戎培义（阜南二中校长）、马东（特级教师）、李杰（阜南教育报编辑）、王瑞庆（阜南县青少年作协副主席，民间文艺家协会秘书长）等专家及教育主管部门的其他领导表示衷心的感谢！

　　本书是个人多年来发表的文章分类编撰而成，在撰写过程中对教育灵感的捕捉，大多是个人对教育的一己之见，肯定有不足与疏漏之处，恳请各位同仁批评、指导、斧正，以便下一次补充、修整、完善！

乔　伟

2017年7月10日

后
记